『人』が集まる 輝く

伸びる中小企業の

健康経営

カサマ式 実践の極意

笠間《カサマ》 力《ツトム》

unius
ユニウス

※健康経営は特定非営利活動法人　健康経営研究会の登録商標です。

はじめに

　ある朝、いつもは誰よりも早く出勤する幹部社員が、始業時間を過ぎても出社してこない。嫌な予感がして彼の携帯に電話を入れてみるものの、つながらない。不安が増す。気を取り直して、いつもの社長業務にとりかかるが、どうも集中できない。

　数日前に彼を強く叱った時、落ち込んだ表情が脳裏をよぎる……そんな時、会社の電話が鳴る。受話器の向こうから、彼の奥さんの悲痛な声が聞こえる。

「主人が倒れて……　救急車で運ばれました」

運ばれた病院の名前を聞き出して面会に行くと、本人に意識はなく、医師からは緊急手術が必要だ、と告げられ、なぜここまで重篤な状態を放置したのか、と責任を問われる。横にいる奥さんに目を合わせられず、心が痛む。

会社に戻ると現場はてんやわんやだ。人一倍働く人間が突然抜けてしまえば、現場が機能しないのは当然。こういう時は社長の自分自身が盾になるしかない。

彼の容態を従業員に説明し、今後の対応を打ち合わせしながら、ふと考える。

「昨日まで元気でやっているように見えたのに、

実は無理をしていたのか？」

「それとも、自分が無理をさせていたのか？」

「どうすればこんなことにならずに済んだのか？」

後悔の念、やるせない気持ちで胸がいっぱいだ。

これは私の顧問先の会社で実際にあった話ですが、エピソードを読んでドキッとされた方も多いかと思います。幸運にも、この幹部社員の方は、処置が早かったため一命をとりとめ、思いのほか早期に職場復帰を果たしました。この会社の社長さんも、今となっては、笑いながら当時のエピソードを語ってくれます。

この事例でも示されている通り、少数精鋭、ギリギリの人数で切り盛りしている中小企業においては、従業員一人でも健康を害してギブアップすれば、職場全体に大きな影響がおよびます。たとえ一時的なことであっても、離脱した従業員の仕事をカバーするために、残りの従業員はより多くの業務を負担しなければなりません。

ただでさえ、残業、残業でどうにか仕事を回しているのに、それ以上の仕事を背負わせてしまったら、倒れた従業員とは別の従業員が体調を崩してギブアップしてしまう可能性もあります。もし、自分の会社でそんな連鎖が起きたら……と想像してみてください。経営に携わっている方ならどなたでも、背筋がゾッとするはずです。

「そんなことはわかってるけど、従業員の健康までは口出しできない。忙しくて余裕なんてないんだから、正直言って、そこまで手が回らん。しょうがない」と思うかもしれません。

でも「しょうがない」ということはないのです。

なぜなら、「健康経営」を導入すれば、社長も含めた従業員みんなが心身ともに健康で、かつ業績を今より伸ばすことも可能だからです。

「健康経営」とは、「従業員等の健康管理を経営的な視点で考え、戦略的に実践すること」（経済産業省ＨＰより）です。２０１４年から経済産業省の主導で「健康経営優良法人認定制度」がスタートし、２０１８年度には大規模法人部門で541社が認定を受けています。

中小規模法人部門がスタートしたのは2017年とごく最近ですが、初年度は95法人、2018年度は776法人、2019年度は2、503法人と、毎年ものすごい勢いで増えています。

私が経営する株式会社カサマは、健康経営優良法人の認定を制度開始直後に取得。それと同時に健康経営の導入支援サービスをスタートし、様々なクライアント様の認定取得をサポートしてきました。


国内では多くの企業が慢性的な人手不足に悩んでいます。中小企業においては特にその傾向が強いため、一部の従業員に業務が集中し、ハードワークを強いるケースが少なくありません。そんな状態が慢性的に続けば、生活習慣病や精神疾患を発症する人が増加します。代わりとなるコア人材がいなければ、有用な人材が一人倒れるだけで経営の危機に陥りかねません。

おりしも、働き方改革がスタート。政府の要望通り、働く時間を減らし、休みを増やせば法律は守れますが、仕事が回りません。しかたなくハードワークを続けさせると、貴重なコア人材が健康を害してしまったり、より働きやすい企業に転職してしまったりします。まさにジレンマです。

健康経営は、こうしたジレンマに対する解決の糸口として十分に機能します。要は「今いる人材の心身の健康を改善し、職場のコミュニケーション力をアップして、会社全体の生産性を向上しましょう」というわけです。

しかしながら、健康経営コンサルタントとして多くの企業の相談を受けてきた私にとって、健康経営の本質は「従業員の福利厚生」でも「認定の取得による採用力アップ」でもありません。健康経営とは、働く人がお互いの多様性を認め合い、家族のように支え合って一つの組織として効率的に活動できるよう、事業を経営するための哲学なのです。

他人の価値を認め、お互いに支え合うには、健全な心身が不可欠です。健康経営における「健康」とはそのような、個々が自然に団結し補い合える心身の状態だと私は思っています。

こんな風に語ると、青臭い理想論に思えるかもしれません。毎日現場で汗を流している経営者の方からは「そんなきれいごとで売上が上がるんか！」と怒られてしまうかもしれません。

しかしこれからの時代を中小企業が生き抜いていくためには、大手や他社に追随するのではなく、自社の強みを最大限に活かす取り組みが必須です。心身ともに健康な従業員たちがお互いの個性を理解し、活かし合う組織を作り上げることは中小企業だからこそ可能な成長戦略だと言えます。

健康経営はきれいごとではなく、企業の未来に対する投資なのです。

このように健康経営は、多くの企業が抱える問題に直接アプローチできる経営戦略の一つです。そのため少しずつ普及しつつあるのですが、まだまだ認知度は低いのが現状です。また健康経営の導入方法について解説した書籍が何冊も出ていますが、正直なところ学術的なものが多く、実践的とは言いづらいところです。しかも経営の本質からかけ離れているものも少なくありません。

そこで私は「もっと健康経営の本質をわかりやすく、手軽に理解してもらえる本が出したい」と考え、本書の出版を決意しました。

健康経営の趣旨に触れて、すぐ実践論を知りたい！という方は第2章・3章から読み進めていただければ実践のイメージが湧きやすいかと思います。

あるいは、健康経営の本質はどのようなものだろう、と興味をお持ちの方は、第1章から順に読んでいただければと思います。

本書では健康経営の必要性と、導入によってもたらされるメリット、そして具体的な導入方法を、弊社がサポートしたクライアント様の事例を交えつつ紹介しています。それと同時に、健康経営の本質であり、最終目標でもある「新しい大家族経営」についても解説していますので、最後までお読みいただければ、健康経営をベースとして事業を発展させていく考え方について、あますことなく理解していただけます。

この本がみなさんにとっての健康経営の良き入口となれば、それにまさる喜びはありません。

目次

第1章　なぜ今、健康経営が大切なのか

第2章　健康経営優良法人認定制度の全体像と実際の進め方

第3章　中小企業　健康経営
実践事例7社のケーススタディ

プロローグ

ともすれば、青臭い理想論に思える健康経営に私が関心を抱いたのは、身内の死、という極めて個人的な体験がきっかけでした。父と兄――私にとって、社会人としての先輩でもあり、どこか自分と似たところがある一番近しい存在を似たような形で失った体験は強烈な問題意識を私の心にうえつけたのです。

二人とも職場で接している方々には惜しまれながら、しかしある意味、自分では希望を失って、突然この世を旅立ちました。

その時から、会社経営と働き手の健康の両立は、私にとって、なんとしても方法を見つけねばならない命題になったのです。

私の父は65歳でこの世を去りました。自分よりも人のことを先に考える優しい人でした。葬儀では取引先の会社で働く「パートのおばちゃんたち」までがオイオイと声を上げて泣いてくれました。享年65歳というのは、二十年前の当時でも早いほうだと思います。

そして、私の兄が亡くなったのは46歳の冬でした。企業に勤めるサラリーマンでしたが、優しく面倒見のいい人だったので、お通夜の後に開いた「偲ぶ会」には100人以上の人が集まりました。

身内の死を経験する中で、私が感じたのは「いい人」が長生きしにくい国内社会の歪みでした。家族のひいき目を差し引いても、私の父や兄は思いやりが深く、情の厚い人でした。

そんな人たちが人並みに長生きできないのはなぜなのか？

父の葬儀で泣き崩れるパートさんたちを見て、「人のことばかり考える父は、きっと彼女たちが仕事をしやすいように、とあれこれ心配りをしていたのだろう」と私は確信しました。

家でもどこでも、人がしんどいと感じる場面で、脇から現れて重荷を背負ってくれる人だったからです。亡くなるまで気づけませんでしたが、そんな人生はずいぶんたいへんなものだったはずです。

会社で倒れ、救急車で近所の病院に搬送され、がんだと判明した二日後にあっという間に命の火が消えた様子は、背負ってきた重荷を降ろすことを自ら選んだような旅立ちでした。


兄の死にも似たものがありました。旅行代理店で部長職に就いていた兄は面倒見がよく、部下のノルマや失敗をすべて背負う人だったようです。特別な趣味も持たず、独身だった兄の楽しみは食べることでした。脂っこいものが大好きで、仕事終わりに部下を連れ、中華料理店のテーブルを囲むのが兄にとって至福のひとときでした。

独り身なので、部下がつきあってくれない夜も食事は外食が基本です。ラーメン、唐揚げ、トンカツ……お世辞にも身体によいとは言えない食べ物が大好きだったせいもあり、健康が損なわれるのに時間はかかりませんでした。40代前半ですい臓炎を起こし、救急搬送されたのです。

医師からは生活をあらためるよう指導されましたが、退院して仕事に戻ると、元の木阿弥でした。残業と暴食（健康を害し、お酒は飲めない身体になってしまっていたので）が続いて入院、退院したらまた残業と暴食、というサイクルを何度か繰り返す中で、医師から告げられたのは「病院では治せない」という真理でした。

「医師は病を治す手伝いをするだけ。本人がその気にならないと、病気は治らない」と主治医に宣告されたのです。

兄はそれでも、好きなだけ働き、自由に食べるという生活をあらためることができず、最期には命を落とすことになりました。自宅で独り亡くなった兄を発見したのは母でした。兄の部屋で涙を流す母の姿が今でも脳裏に焼き付いています。

兄の死をきっかけに、私は二つの疑問を胸に抱くようになりました。

「周囲の人からあんなに愛されていた兄はなぜ、自分の命を粗末に扱ってしまったのだろうか？」

「いい人は長生きしにくいのだろうか？」


疑問に対するヒントを得たのは兄の死から7年後でした。

私自身が命の危機に瀕してみて、健康であり続けることの難しさを実感したのです。きっかけは売上の大半をもたらしてくれていた大手企業から、いきなり取引中止を宣告されたことでした。

父の代から長年にわたって信頼関係を築いてきたはずの取引先であり、当時、私が経営する株式会社カサマの売上のうち、実に8割をその会社が占めていました。

「3ヶ月後に今やってもらっている仕事は無くなります」

そう言われて、目の前が真っ暗になりました。

会社をつぶさないためには新たな取引先を見つけるしかありません。

毎日、飛び込み営業を続けましたが、顧客の新規開拓は容易ではありません。夜、ベッドに入り目をつぶると、「この先どうなるのか？」「どうにもならないんじゃないか？」という不安がムクムクと胸の内にわき上がり、押しつぶされそうな気分になります。

当然、まともに眠ることができず、そんな日が2ヶ月にわたると、食欲までなくなり、常に「自分はダメな人間だ」という考えが頭から離れなくなりました。

子供のころからラグビーに親しんできた私は、自分は逆境に強い、と思い込んでいました。厳しい練習に耐え、痛みや恐怖に打ち勝たねばプレーできない競技だからです。

けれども、経営者としての行き詰まりはスポーツのしんどさとは性質がまったく異なるものでした。ノーサイドがなく、解決しない限り悩みは24時間つきまといます。敗北すれば、自分だけでなく家族や従業員、さらにはその家族にまで大きな迷惑がおよぶのです。

深く悩み、苦しむ中、私はついにうつ状態に陥りました。

そんな私を救ってくれたのは……ある人の言葉でした。もったいをつけるようで申し訳ないのですが、どうやって私が苦境を脱したのかは巻末のエピローグで紹介したいと思います。

とにかく、私はそのどん底から這い上がり、今はコツコツと事業を広げつつあります。

抜け出せたから言えるのかもしれませんが、試練はときにさまざまなヒントをくれます。私自身も大いに落ち込み、心も身体もボロボロになったからこそ、「健康は当たり前ではない」という当たり前の事実に気づくことができました。

もがき苦しんだ経験からはさらに「不健康な状態では仕事のパフォーマンスが低下するだけでなく、まともな判断力すら失われてしまう」ことも知りました。

兄が自分の命を守れなかったのは、「守れない状態」に陥っていたからだろう、と気づくことができたのです。

父や兄、そして自分のように、仕事のために健康を損ない、自分の心身を守れなくなってしまう人がたくさんいるはずだ——そう確信した私は、防ぐ方法はないものか、と考え、やり方を探すようになりました。そうしてたどり着いたのが、「健康経営」という考え方であり、それを世に広めるコンサルタントという役割だったのです。

天は人に試練を与えて、その人の使命を気づかせる。

後日、ある方から教えてもらった人生訓ですが、その言葉の重みを今になって噛みしめております。

第1章

なぜ今、健康経営が大切なのか

時代背景から読み解く「今、健康経営が求められる理由」

――人手不足が今後さらに悪化する

多くの経営者が実感している通り、どこもかしこも人手不足で「エラいこと」になっています。「アルバイトがなかなか集まらない」などの声はあちこちで聞きますが、最近では人手不足で倒産する企業すら珍しくありません。東京商工リサーチのデータによると、2018年度の「人手不足関連倒産」は400件にのぼっています。これは過去最多で、前年比28・6%増というひどい数字です。

従業員の過不足を示す統計数字からも、人手不足の深刻さは見て取れます。

２０１８年の「中小企業白書」によれば、２０１３年第４四半期以降、すべての業種で「従業員過不足ＤＩ」と呼ばれる指数がマイナスとなっています。この指数は従業員が「過剰」と答えた企業の割合（％）から、「不足」と答えた企業の割合（％）を引いたもので、最も低い建設業はマイナス30％を下回るひどさです。最も高い小売業でもマイナス10％を下回っており、日本中あらゆる職場で人が足りていないことがわかります。

しかも、この苦境はどうやら今後ますます深刻化していくものと考えられます。

15～64歳の生産年齢人口は１９９５年（８、７００万人）をピークに減少を続けており、２０６０年には２０１５年の約６割（４、８００万人）にまで減少するという予想もあります。少し踏ん張れば先行きは明るい、というのであれば、なんとかもちこたえようか、という気にもなりますが、将来的に人手不足が解消される見込みはまったくないのです。

人手が足りない中、特に大きな影響を受けているのが中小企業です。人材をたくさん抱えている大企業なら、誰かがギブアップしても代わりになる従業員を見つけることが可能です。ネームバリューもあるので、優秀な人材を他社から引き抜いてくることだってできます。

ところが、中小企業にはギブアップした従業員の代わりは、なかなかいません。幹部クラスの役職者ともなればなおさらです。大企業のように「有能な人を中途採用して穴を埋める」なんてことも難しいでしょう。

だからこそ、今いる従業員に、心身ともに健康で元気に働いてもらう必要があるのです。

既存の人材の活用という観点からも、健康管理は重要な課題です。なぜなら心身の状態は仕事のパフォーマンスに大きく影響するからです。

たとえば1日6時間睡眠の生活が2週間続くと、脳のパフォーマンスは2日連続で徹夜した後と同じ程度まで低下する、という研究結果があります。そんな状態で、優れたアイデアを思いついたり、クライアントのニーズを読み取る提案ができたりするわけはありません。

また、健康管理を怠ってメタボになると、注意力や集中力、判断力や計画力、行動力といった脳の機能が低下する、という海外の研究結果も数多く報告されています。メタボが脂質異常や高血糖、高血圧といった様々な病気の原因となる症状につながることはよく知られていますが、仕事の能力にも直接影響するのです。

限られた人材を最大限活用しなければならない時代に、従業員の健康問題を放置していると、企業のパフォーマンスは容易に低下してしまいます。

健康経営の重要性
中小企業の事例から痛感すること

健康に対する意識が不足している人ほど、なぜか自分は病気にならないと思い込みがちです。食事の栄養バランスは偏り、残業に次ぐ残業という日々を送っているにもかかわらず、

「好きなようにやったほうがストレスが少ないように思う」

「この調子でやってきて、今まで大病を患ったことはない」

と考えている方が多いのです。

しかしながら、もちろんそんなはずはありません。弊社のクライアントにも、そうしてたかをくくっていた結果、健康を損ねたケースが少なくありません。病気は時や人を選ばず、突然発症するのだということを実感してもらえるよう、2つの事例を紹介します。

事例1

「残業、唐揚げ、シャワーのみ、そして緊急手術」

社会保険労務士事務所　Hさん（38歳）

とある社会保険労務士事務所の中堅社員として活躍するHさんは当時、働き盛りの38歳でした。「たいていのことは気合いで乗り越えられる」と信じており、遅くまで残業をしたあげく、深夜に大好きな唐揚げをほおばる毎日。野菜なんて食べません。風呂に入っても湯ぶねにはつからず、シャワーで済ませるのが常でした。

事務所長が所員――中でも特に彼の健康を心配して、健康経営を導入したほどでしたが、肝心の本人は「自分にかぎっては大丈夫」と盲信していたのでしょう。なにを言ってもどこ吹く風で、健康経営のサポートをしていた私にとっても、心配の種でした。

そんなある日、Hさんは深夜、自宅で突如凄まじい痛みに襲われ、翌朝、大慌てで近くの病院にかけこむことになります。その時、痛みはひいていたのですが、これはただ事ではないと不安でいっぱいでようやく診察室に入ったものの、医師の診断は「特に問題なし」というものでした。

一瞬安堵はしたものの、痛みの激しさを思うと、問題がないとはとうてい思えません。そこでHさんは「大きな病院で精密検査を受けたいので紹介してもらえませんか！」と、勇気を奮って医師に直訴し総合病院に急行しました。

精密検査の結果判明した病名は不安定強心症でした。大量の血液が流れる動脈の内壁が急に狭くなる病気で、ひどくなると一瞬で死に至ります。命の危険がある状況で、もはや仕事どころではありません。慌ただしく緊急入院と即、手術が決まりました。

さいわい手術は成功し、無事復帰したHさんに「なぜ大きな病院に行こうと思ったんですか?」と尋ねると、こんな答えが返ってきました。

「健康経営の一環で、病気についての話をうかがった際、不安定強心症になりやすい人の条件がなんとなく自分に当てはまるような気がしてたんです。それで、そのあとテレビでこの病気についての健康番組をやっていた時に、気にして見ていたんですよ。だから最初の病院で『何もない』って言われたときに『もしかしたら……』と思ったんです。」

不安定強心症は治療が遅れれば高い確率で死に至る病気です。もしHさんが「もしかしたら……」と思わなければどうなっていたことか。

ちなみにHさんは、健康管理の甘さが原因で会社に迷惑をかけただけでなく、自分の命も危険にさらしたことを反省し、生活習慣の改善に取り組みました。その結果、半年後の健康診断で入社後初めての「C判定」を勝ち取っています。長年「E判定」の常連だったことを思うと、長足の進歩と言えます。

事例2

「家族の問題が仕事に影響」

設備メンテナンス会社　Tさん（48歳）

Tさんは施設の設備メンテナンス会社で、安全担当部門の部長を務めている男性であり、経営の中核を担う人物として、会社を支えていました。

あるとき、そんなTさんの仕事ぶりに明らかな変化が現れました。勤務中もどこか上の空で、会社から一任されていた若手の育成もはかどりません。

原因はTさんのプライベートにありました。彼は認知症を発症したお父様と、それを介護するお母様と一緒に住んでいましたが、お父様が認知症の行動・心理症状（BPSD）により、たびたびお母様に手を出すようになっていました。勤務中もお母様のことが心配で、Tさんは仕事が手につかなかったのです。

「健康」という言葉を聞くと、多くの人が身体的に問題のない状態、元気な状態をイメージします。

しかし、健康という概念には本来、身体だけでなく精神面や社会との関わりも含まれます。肉体が壮健でも、気分が鬱々と落ち込み続けている人や、自室に引きこもって社会との関係を断っている人を健康とは言えません。

ところが、精神や社会との関わりにおける問題は外に現れないことがあるため、損なわれていることに気づきにくいという難点があります。肉体的な健康がダメージを受けている様子はレントゲン検査や血液検査などで確認できますが、精神面や社会との関わりを正確に評価するのは困難です。周囲はもちろん、本人もどの程度心を痛めているのかわからないので、真面目な人ほど、「まだやれる」と無理をしてしまいます。

しかし、身体が健康でも、精神や社会との関わりが健全でなければ、元気いっぱい働くことなどできません。Tさんに関して言えば、ご両親についての心配事が改善されなければ、健康にはなれないのです。

もちろん仕事には関係のない問題です。とはいえ、働き手のパフォーマンスに影響が出ている以上、経営者にとっては社員のプライベートの問題として放置するのではなく、経営上の問題として対策を考えるほうが得策です。

幸いこの会社では健康経営を導入しており、早い段階でTさんの相談に乗り、福祉サービスの紹介や介護に役立つアドバイスを行うことができました。実際にそういったアドバイスが役立ったのに加え、「会社が身内の心配までしてくれた」という事実に、とても救われた気持ちになったそうです。

その後、Tさんのお父様はショートステイを利用することになり、家族の負担は大幅に軽減されました。心配事が解消され、Tさんは業務に集中できるようになり、以前にも増して精力的に仕事に打ち込んでいます。

選ばれる企業とは？
従業員を守り、育てなければ人がいなくなる

紹介した2つの事例では、健康経営は今いる人材に本来持っているパフォーマンスを発揮させる役割を果たしています。いわば、「守り」の人材活用です。

健康経営にはもう一つ、今いる人材のパフォーマンスをさらに向上させる「攻め」の人材活用が進むという効果もあります。

「新しい仕事に挑戦したい」

「もっと大きなプロジェクトに参加したい」

そんな成長意欲は心と体が健康でなければ湧いてきません。

また、個人が成長していくためには仕事の成果を振り返ったり、仕事のやり方の棚卸しをしたりと、自分を省みる時間が定期的に必要です。健康でなければ、そんな余裕はなかなか出てこないでしょう。

成長の方向性を決めるには自分の強み・弱みをしっかり把握しなければなりませんが、自分を省みなければ、見えてきません。健康でなければ「自分はどんな風に成長していきたいか」という目標を決められないのです。

健康経営で従業員の健康をマネジメントすることは企業にとって、もっとも大切な経営資源である人材のパフォーマンス向上につながる非常に有効な手段なのです。

ところが、日本の経営者のなかには「従業員の健康を会社がマネジメントしよう!」と語ると、違和感を訴える人も未だ少なくありません。

「なんで、会社がそこまで面倒をみなあかんのや?」という声をよく耳にするのです。

そんな疑問の声が上がる背景には、今の日本企業が抱える「短期的な成果、目に見える個人的な成果を重視する価値観」がある、と私は考えています。この価値観に照らすなら、とにかく今すぐ成果を上げることが重要なので、組織づくりをすっとばして、従業員を個として目一杯働かせることになりがちです。健全なチームワークや健康がもたらすパフォーマンスアップ、そして、人材としての成長は短いスパンでは目に見えにくいので、それより目の前のことに対応するため、「とにかくバリバリ働け!」となっているように思えます。

当然、そんな状態が続くとパフォーマンスが低下し、人としての成長は鈍化しますが、「それは本人の責任」「健康管理は従業員自身がやるものだから、会社が従業員にそこまでしてやる必要はない」という論法で押し切る人材管理がまだまだ一般化しています。

しかし、このまま従業員を「替えの利くコマ」として扱い続けることは、これまで解説してきた通り、経営者自身の首を絞めることにつながります。

なぜなら、終身雇用制度が揺らぎ、非正規雇用が増える中、会社に対する働き手の帰属意識が低下しているからです。人手不足の深刻化は働き手にとって、「働く場所なんていくらでもある」ことを意味します。

すでに国内でも転職は珍しいことではなくなりつつあります。２０１９年に総務省が発表した労働力調査によれば、転職者数は２０１８年まで８年連続で増加し続けていることがわかっています。転職市場は売り手市場なので、働き手にとってはもはや、自分をコマのように扱う会社に残る理由などありません。「従業員を大切にする」という意識が薄い会社は今後、従業員たちから見放されてしまうことを覚悟すべきでしょう。

米国最大の調査会社ギャラップ社の調査によれば、日本のビジネスパーソンのうち会社に対して強いエンゲージメント（帰属意識や愛着）を持つ「熱意あふれる従業員」はたったの６％しかいないそうです。この数字は調査対象となった世界１３９ヶ国中、１３２位という低い数字です。

その一方、「周囲に不満をまき散らしている無気力な従業員」は24％、「やる気のない従業員」の割合は70％にのぼっています。このような状況で従業員をコマとして扱い続ければ、経営効率の低下や人材不足でスローダウンし、やがては事業が立ちゆかなくなってしまうことも考えられます。

人手不足が深刻化する中、能力の高い人材に自社で働き続けてもらうには、「従業員から選ばれる企業」を目指す必要があります。そのための施策の一つが、従業員を守り・育てる健康経営なのです。

高速で変化する時代についていくには組織の健康も必須

社会の様相や人の意識は近年、とてつもない速度で変化するようになりました。

たとえば日々当たり前のように使っている携帯電話が一般に普及したのは1990年代後半ですから、たった20年ほど前の出来事です。さらにそんな携帯電話からスマートフォンへの世代交代が始まったのはその10年後、2008年にアップル社のiPhoneが登場してからです。

私の仕事で言えば、かつて主流だったＤＭは電子メールやＬＩＮＥに取って代わられてしまいました。冒頭で少し触れた大手との契約中止も、これが真の原因です。皆さまもお感じの通り、誰もが未来に不安を覚えるスピードなのです。

人工知能やコンピュータの進化は想像を絶します。４年ほど前にオックスフォード大学の研究者が発表した「雇用の未来」という論文のなかでは、コンピュータの発達により多くの職業が消えてしまうという予測が語られています。この予測が正しいかどうかは別にしても、猛烈な速度で世界が変化していくことは間違いないでしょう。

企業が生き残っていくためには、この変化に対応し、食らいついていかなければなりません。

帝国データバンクが１００年以上の歴史を誇る企業を対象に行ったアンケート調査を見ると、老舗企業の多くが時代を超えて生き残っていくためには積極的に新しいことに取り組んでいく姿勢が必要だ、と回答しています。

老舗企業というと、伝統を重んじて、保守的なイメージがありますが、実際は常に進化しているのです。たとえば「老舗の羊羹の味」というのは実は少しずつ変わっていて、時代の味覚の変化に合わせているからこそ「いつもの味」として親しまれているのです。逆に言えば、意固地に伝統を重んじて同じことをやり続けていると、時代に合わなくなって淘汰されるということです。「これまでと同じことしかやらない、変わらない会社は必ず衰退する」というのは真理なのです。

時代に取り残されないよう変革を続けるためには、組織のあり方そのものを見直すことが大切です。

組織の変革はこれまで、往々にしてトップダウン方式で行われてきましたが、それではトップの考えが組織全体に浸透するまでに時間がかかってしまいます。どうしても、動きのにぶい鈍感な組織になってしまうため、目まぐるしく変化する時代に対応しきれません。時代に追いつくためには社会の変化に敏感で、その変化に対して身軽に対応できる組織――「健康的な組織」になることが欠かせないのです。

変化に素早く対応できる健康的な組織とは、どのようなものでしょう？　さまざまな要件があると思いますが、私は本心で語り合い、互いを思いやる、家族のような関係性を持つ組織ではないかと考えています。そういった密接な絆がある組織では、トップがわざわざ指示を出さなくても、従業員それぞれが「仲間のために」と常にアンテナを張って時代の変化に関わる情報を集め、対応するアイデアを出してくれます。

従業員同士が立場や役職を越えて率直な意見を交わし合い、正しい意見は柔軟に取り入れていく……そんな仕組みを実現できれば、急速な変化にも臨機応変に対応できるはずです。

健康経営はそんな健全な組織を実現するための施策でもあります。実際に、私が導入をサポートしたクライアント様の多くは、組織のあり方そのものが変わった、と驚いてくれます。

健康経営は単に「みんなで健康になりましょう」というスローガンを掲げるだけのものではありません。企業がこれからの時代を生き抜いていくために欠かせない、組織づくりの哲学でもあるのです。

column

コラム

人生には3つの坂がある。上り坂、下り坂、真坂《まさか》

人生には何をやってもうまくいくときがあります。そういうときは黙って座っているだけで仕事が舞い込んできて、新規の取引先は引きも切らず、むしろこちらからお断りをしなければならないほどになります。何をやっても思い通りの結果が出て、活力もどんどん湧いてくる状態です。

これを人生の上り坂とするならば、逆に何をやっても思い通りにならない下り坂もあります。新規の仕事が全く入らず、営業をかけても門前払い、ここぞとばかりに新商品や新サービスを提供しても軒並み振るわない……何をやっても裏目に出て、つい他人や時代のせいにしてしまう状態です。

上り坂と下り坂にはその状況下にいることがある程度わかるという特徴があります。です

から、その時に先を見越して蓄えをしたり、今が踏ん張りどころということでじっと耐えることができるのですが、そうはいかないのが「真坂《まさか》」――なんの前触れもなく訪れる急な坂です。

私の場合は冒頭でも触れた大手取引先からの契約打ち止め宣言が、まさに真坂でした。この坂にでくわすと、それまでの経験ではとても太刀打ちできないような苦境に立たされ、心も体も打ちのめされ、ただ茫然としてしまいます。

私はこの3つの坂それぞれに際して、人間の本質が試されると思っています。

上り坂ではつい調子に乗ってしまい、傲慢になりがちです。自分がのっている分、他人を見下して、「なんでこんなことができないんだ」とイライラすることもあるでしょう。そこで平常心を維持できずに調子に乗りつづければ、ちょっとしたきっかけで足元をすくわれ、あっという間に真坂の事態に追い込まれます。

一方、下り坂では自分を守ろうとして、ミスを他人のせいにしたり、過剰に自己防衛の鎧をまといます。そして、「不幸なのは自分だけ」といった悲観的な感情に捉われ、周囲の人から愛想を尽かされてしまうことが少なくありません。

真坂は予期せぬトラブルなので、さらにはっきりと人間性が表れます。上り坂や下り坂のときに平常心を保つことができる人も、真坂の事態が起きると、どうしても取り乱してしまいます。そこからいかにして平常心に戻るかで、その人の本質が問われるのです。

このように、いずれの「坂」も平常心を保てれば、足元をすくわれたり絶望したりすることなく乗り越えられます。そうして、平常心を保つのにもっとも必要なのは心身の健康なのです。

心や体が病んでいると、自分に余裕がなくなります。余裕がなくなれば、自分が遭遇した出来事をいろいろな角度から眺めて、問題の本質をつかみ、適切な対策を思いつくのは困難です。つまり、冷静に振る舞えなくなってしまうのです。

大手取引先からの仕事がなくなり、会社の売上の8割を失ったとき、私の頭は完全に真っ白になりました。必死に営業をかけるものの、返事はどこもなしのつぶて。眠れない日々を過ごすうちに心も体も病み、余裕なんて1ミリもなくなっていきました。

その結果、ラグビー仕込みのアグレッシブな姿勢は消え失せ、「俺はなんてダメなんだ」「俺にできることなんて、もうなにもないんだ」などとネガティブな言葉ばかり口にするようになっていました。

本当にお恥ずかしい限りですが、その経験から私が学んだのは、人生は心ひとつでどちらにも転ぶ。どんな状況になってもあきらめないこと。それには、心身の健康は必要不可欠だということでした。

みなさんも人生の「坂」を一度振り返ってみてください。きっとそれぞれの「坂」において感じ、考えたことが次の展開を生み出していたと思います。そして、その感性や考え方には、その時の心身の状態が密接につながっていたことに気づくはずです。

第2章

健康経営優良法人認定制度の全体像と実際の進め方

健康経営って、何から始めたらいいの？

健康経営は慢性的な人手不足を解消し、目まぐるしく変化する時代に対応するための有効な施策であることは第1章で説明しました。第2章では、健康経営の具体的な進め方を説明します。最初に大切なことを一つ。健康経営の実践には少しばかりコツがいります。

そのコツは、この章の途中で解説しますが、簡単に言うと、どんないい施策も手順を間違えると上手くいかないということです（次頁のチャート参照）。

健康経営導入手順

①経営者が健康経営アンケートに答えて健康課題の把握をする

②健康経営宣言を作り社内に通達する

③健康づくりリーダーを任命する

④全従業員に健康アンケートをとり健康課題を把握する

⑤健康づくり活動を決定しキックオフ！PDCAをまわす

⑥健康経営優良法人の申請

具体的に言いますと、「健康管理は自己責任」という考え方が当たり前になってしまっている社会の風潮の中で、「みんなで健康を管理していこう！」という健康経営の考え方を納得してもらうためには始めが肝心なのです。

そこで以下では、私がコンサルティングをする際に行っている手順に沿って、健康経営導入の流れを紹介します。

○まずは、健康経営アンケートに答えてみよう

健康経営は「とりあえずそれらしいものを実施すればいいだろう」という考えで導入を進めても的外れな施策になってしまい、社内に浸透しません。健康経営により会社の体質を改善したいのであれば、最初に自

社の健康課題を見える化しておく必要があります。

私が導入のお手伝いする際には左記、18項目の「健康経営アンケート」を実施することで、クライアント様の自社の健康課題をまず把握してもらいます。

手順が大切ですから、ぜひ回答してみてください。

【健康経営アンケート】

1 従業員の平均年齢は比較的高い(35歳以上)ほうだ。
(はい・いいえ)

2 重要な仕事は、頼りになる従業員に集中しがちだ。
(はい・いいえ)

3　この1年間で、入院や長期療養した従業員がいる。
（はい・いいえ）

4　健康診断は従業員全員が受診している。
（はい・いいえ）

5　健診結果の把握はしており、状態の悪い従業員には保健指導を受けるようアドバイスしている。
（はい・いいえ）

6　自分（社長）自身の健康管理の方法がある。
（はい・いいえ）

7　健康管理を従業員の自己責任にしていることについて、多少の不安がある。
（はい・いいえ）

8 従業員に運動を促す取り組みを行っている。
（はい・いいえ）

9 従業員が食事をするための従業員食堂の設備がある。もしくは弁当の支給がある。
（はい・いいえ）

10 従業員間のコミュニケーション促進を目的とした取り組みを行っている。
（はい・いいえ）

11 インフルエンザ予防接種や消毒液の設置など、感染症予防の対策をとっている。
（はい・いいえ）

12 何かしらの過重労働対策（残業対策）をとっている。
（はい・いいえ）

13 仕事で無理を続けるのはよくないが、頑張る時期は必要だと思う。
（はい・いいえ）

14 敷地内での禁煙、あるいは分煙の対応をとっている。
（はい・いいえ）

15 脳疲労が蓄積すると、メンタルだけでなく身体全体にも影響が及ぶと思う。
（はい・いいえ）

16 これからの時代、健康に関する知識や情報を従業員と共有することは、とても大切だと思う。
（はい・いいえ）

17 長期的視点で考えた場合、従業員の健康は経営に大きな影響があると思う。

（はい・いいえ）

18 従業員とのつながりを大切にした、大家族的な経営を目指している。

（はい・いいえ）

◯健康経営アンケート、解説編

自分の答えと照らし合わせてみてください

この18項目はすべて、企業の健康課題に紐づいています。各項目について詳しく解説します。

1　従業員の平均年齢は比較的高い（35歳以上）ほうだ。

従業員の年齢が高いということは、それだけ健康上の問題が発生するリスクが高いということを意味します。徹夜などの無理が利くのは30代半ばまでです。それ以上の年齢になると、健康に配慮した働き方をしなければ、思い通りのパフォーマンスを発揮できなくなります。

- 夜中まで仕事をすると、翌日の朝に疲れが残る。
- 休日は一日中眠気があり、アクティブに活動できない。

こういった自覚症状は身体が発する黄信号です。生活習慣や働き方をあらためることなく、身体に負担をかけ続ければ、大病を患うリスクが年々増大し、40代後半以降は高確率で入院することになります。残業の後の外食が大好きで、骨身を惜しまず働き続けた私の兄がこの世を去ったのも46歳でした。

平均年齢が高い会社は、早い段階から健康経営の導入を検討すべきだと私は考えています。

2 重要な仕事は、頼りになる従業員に集中しがちだ。

3 この1年間で、入院や長期療養した従業員がいる。

この2つの項目で「はい」にチェックを入れた企業では、コア人材がいつ倒れてもおかしくありません。

能力の高い従業員に業務が集中してしまうのは、中小企業の宿命です。幹部クラスの従業員ともなれば、経営者からのリクエストに対応しながら、現場からの要望も実現していく必要があり、オーバーワークになるのはいたしかたないところでしょう。代わりになる人材はいないので、無理を続けざるを得ません。

無理のツケは必ずどこかで返ってきます。実際、私が健康経営アドバイザーとして関わった会社では「ある朝調子が悪いからと病院に行ったら、その場で緊急入院が決まった」というケースをしばしば見かけました。

オーバーワークのせいで従業員が倒れるのを防ぐためには、健康経営を通じて、従業員自身に健康を守る意識を持たせるとともに、会社全体で助け合って一部の従業員に仕事が集中しすぎない仕組みを作る必要があります。

4 健康診断は従業員全員が受診している。

5 健診結果の把握はしており、状態の悪い従業員には保健指導を受けるようアドバイスしている。

4と5の項目のうち、両方が「はい」なら健康的な組織を作るための基礎はできていると言っていいでしょう。一方で、従業員全員が健康診断を受診しているものの、状態の悪い従業員への保健指導まではできていないという場合は、「指導」が企業としての健康課題です。一方、健康診断の受診率が低い場合は、受診率の向上が最初に取り組むべき健康課題ということになります。

健康診断の受診率は、実はちょっとした工夫をするだけで引き上げられます。というのも「受診しない理由」はたいてい、経営者側が思っているよりも些細なことだからです。「その日に予定が入っているから」ならまだマシなほうで、「なんとなく面倒だから」というだけの人も一定数存在します。そんな「面倒くさがり」たちは経営者から「君のことが心配なんだよ」と声をかけるだけで、受診してくれるものです。

健康診断は経営者にとって、従業員の健康状態を把握するための大切な情報源です。健康的な組織を目指すのであれば、まずは「受診率１００％」を実現しましょう。

6　自分（社長）自身の健康管理の方法がある。

7　健康管理を従業員の自己責任にしていることについて、多少の不安がある。

経営者は「自分が倒れたらたいへんなことになる」という自覚を持っています。そのため独自の健康管理方法を身につけている方が少なくありません。たとえば、

- お酒は嗜むが、平日の深酒は決してしない。
- 早起きをしてウォーキングをしている。
- 自分なりのストレス解消法がある。

などです。

また風邪をこじらせたり、気持ちが落ち込んだりといった日常的な不具合については、自身のパフォーマンスが大きく低下するボーダーラインを把握しています。

「熱が37・5度を超えたらまともな判断はできない」

「目をかけてきた従業員が転職すると言い出した。こんな日はもう仕事の

ことなど考えないほうがよさそうだ」

こんな風に自分の状態とパフォーマンスを正確につかんでいるのです。ですから、ボーダーラインを超えそうになった時点で、「おさまるまで休む」といった思い切った対応をする人もしばしば見られます。経営者として、厳しい環境で生きてきたからこその知恵と言えるでしょう。

一方で、雇用されて働く従業員がそうした健康に関する独自の知識やノウハウを持っていることは稀です。とりわけ若い世代ほど「健康なんて当たり前」と認識しているので、意識すらしていない人が大半です。特に真面目で、努力を惜しまない人ほど頑張りすぎる傾向にあるため要注意です。

6と7はどちらが欠けても健康的な組織づくりは実現できません。もしいずれかが「いいえ」だった場合は、経営者自身も含めた健康意識の向上が必要です。

8 従業員に運動を促す取り組みを行っている。

9 従業員が食事をするための従業員食堂の設備がある。もしくは弁当の支給がある。

健康維持において「運動」と「食」は必要不可欠な要素です。適度な運動と栄養バランスのとれた食事がなければ、心身の健康を維持できません。

確かに毎日忙しく働いていたら、なかなか自発的に運動したり、健康に配慮した食事をとったりしようとは思えないもの。仕事が終わったら家に帰ってゴロゴロしたいし、ビールをゴクゴク飲んで唐揚げをバクバク食べたくなります。

しかし、そんな生活を続けると、身体はどんどん重くなり、血管や臓器はどんどん劣化していきます。20代のうちは症状が出なくても、30代になればいろいろな面に身体の劣化が現れます。

- いざという時に体調を崩してしまう。
- 階段を上るだけで息が切れる。
- すぐに風邪をひく。

三十代でそんな状態に陥ってしまった人が中高年になると、いよいよ大病へのカウントダウンが始まってしまいます。

危機感を抱いた経営者が従業員に対して

「運動したほうが体調がよくなるぞ！」
「いいもの食べないと身体によくないぞ」

と言うのは無意味です。本人には危機感がないため、上から目線の言葉だけではなかなか生活を改善してくれません。

「まだ、それほど必要だと思えないし、正直、面倒くさい――」

本音では、そう思っているので、無理もありません。大切なのは、食事や運動習慣の見直し工夫次第で健康状態は簡単に改善できること、さらにはその取り組みは意外と面白いことなど、健康を管理する活動の楽しさを伝えることです。

運動と食事に関連した健康経営のプログラムの実践例は、第3章で取り上げています。8と9の項目が「いいえ」になった場合は、そちらも参考にしてください。

10 従業員間のコミュニケーション促進を目的とした取り組みを行っている。

一見するとコミュニケーションと健康には何のつながりもないように

思えます。しかし実はコミュニケーションは肉体と精神両方の健康に対して、非常に大きな影響をもたらします。

たとえばコミュニケーションが円滑な組織では、体調が悪い従業員がいれば同僚がすぐに気がつきます。すると「体調が悪いなら、早く病院に行ったほうがいいよ」という声かけもできますし、「みんなに事情を伝えて、フォローしておくから」というチームワークも働きます。従業員が無理をしなくなるので、自然と健康が維持されやすくなります。

また、人は誰もが「自分の辛さを他の人にもわかって欲しい」という気持ちを持っています。ですから肉体的あるいは精神的にしんどいと感じているときに「大丈夫？　フォローしようか？」と声をかけてもらえるだけでも、「会社の仲間がわかってくれている」という安心感や連帯感により、心の健康を取り戻しやすくなるのです。

ですから、この項目に「いいえ」がつく場合には、従業員同士や経営者と全従業員のコミュニケーションが十分にとれているか、見直してみてください。その上で、改善の余地があるとわかったら、健康課題の一つとしてコミュニケーション促進を掲げることを勧めます。

11 インフルエンザ予防接種や消毒液の設置など、感染症予防の対策をとっている。

インフルエンザに罹患した場合、一般的に7日間は自宅で安静にしておく必要があるとされています。無理に出勤して社内で感染が広がれば、連鎖的に従業員が倒れてしまい仕事が回らなくなります。また、顧客や取引先に感染すると大問題です。

そのためインフルエンザに罹患した従業員を一定期間出勤禁止とする会社がほとんどですが、当然その間は周りの人がフォローに奔走することになります。

このように考えると、インフルエンザの予防接種や消毒液の設置といった感染症対策は、従業員の健康だけでなく会社のリスク対策としても必要不可欠です。

また、費用対効果で考えても経済的に成り立つ施策であることは、ちょっと計算をすればすぐわかります。もし予防接種等を自己責任にしてしまっている場合は、会社の健康経営の一環としてできるだけ早く導入するべきでしょう。

消毒液についても同じです。手洗いと合わせて使用することで、インフルエンザやノロウイルス感染を防ぐ効果があるとされているので、社内に設置することを検討してみてください。

12 何かしらの過重労働対策（残業対策）をとっている。

13 仕事で無理を続けるのはよくないが、頑張る時期は必要だと思う。

2と3の項目でも見たように、中小企業はコア人材が無理をしがちな環境にあります。そのため過重労働に対して社長だけでなく、従業員それぞれが目を光らせていなければ、「真坂」の事態に陥る可能性がありま す。

とはいえ、繁忙期はどんな会社にもあるし、ここは頑張りどころというシーンは、ないと組織としての進化はしないし、従業員の成長もありません。

大切なことは、繁閑のメリハリをつけること。残業が常態化しないよう、組織が一致団結してチームワークを推進していくことです。しかし、これが難易度が高いのも事実です。健康経営を進めていく中で、解決方法を説明したいところです。

14 敷地内での禁煙、あるいは分煙の対応をとっている。

２００３年5月、「健康増進法」により、公共施設等の多数の人が利用する施設の管理者に、受動喫煙防止の努力義務が課せられました。２０１８年7月には「改正健康増進法」が成立。受動喫煙防止対策が義務化され、２０２０年４月から全面施行される予定です。

また２０１５年６月には「改正労働安全衛生法」で職場における受動喫煙防止を目的に、すべての事業者が適切な措置をとるよう努めることが義務付けられました。

このように喫煙による健康被害は国レベルでも認識されており、予防のために法改正まで行われています。しかし禁煙はおろか分煙さえ行われていない企業がまだまだ少なくありません。

従業員の健康を第一に考えるのであれば、14の項目は必ず「はい」になるよう取り組みを進めたいところです。

15　脳疲労が蓄積すると、メンタルだけでなく身体全体にも影響が及ぶと思う。

16　これからの時代、健康に関する知識や情報を従業員と共有することは、とても大切だと思う。

筋肉を使いすぎると筋肉疲労が起きます。すると思い通りに筋肉が動かせなくなったり、無理に動かそうとすると痛みが走ったりします。近年、これと同じ現象が脳にも起きることが判明しました。それが「脳疲労」です。

脳疲労が溜まった状態で仕事をするのは、筋肉疲労が残ったままマラソンをするようなものなので、どうしてもパフォーマンスや能率が低下します。

さらには、脳が正常な判断を下せなくなるせいで、過食に走ったり、気分が落ち込んで出社したくなくなったり、過度なストレスを抱え込んでしまったりと様々な問題を引き起こします。脳が疲れると、心も体も病んでしまうのです。

たとえどんなに身体が丈夫であっても、脳疲労が溜まっていれば健康ではいられません。健康的な組織を作るためには経営者や従業員それぞれが、そのことを理解しておかねばなりません。

脳疲労のように、健康経営を実践するにあたって非常に重要なカギとなる発見や健康に関するこうした科学的な知見はどんどん登場するはずです。

したがって15と16の項目に対して「いいえ」と回答した経営者は最新の健康情報についてアンテナを張ることを意識してください。その上で、新たに得た情報を社内で共有する仕組みを作ることが、健康経営を実践する上ではたいへん重要です。

17　長期的視点で考えた場合、従業員の健康は経営に大きな影響があると思う。

18　従業員とのつながりを大切にした、大家族的な経営を目指している。

この本を手に取った方の多くは、17の項目に関しては「はい」と回答できるのではないかと思います。ただし、18の項目についてははどうでしょう？

第1章の終わりで少し触れたように、健康経営により目指す「健康的な組織」の本質は、単に従業員の心や身体が健康になって、元気いっぱいに仕事ができるというものではありません。

喜びや達成感、さらには苦しみや辛さなどを共有しながら、お互いに思いやり、支え合う……そういった家族のような関係性を会社組織のなかで醸成し、10人、20人、企業によっては100人以上の規模の大家族のような組織体になっていく――それが健康経営の本質です。

健康経営を成功させるためには、まずは経営者がこの本質をしっかりと理解していなければなりません。そのため、18の項目に「いいえ」と回答した経営者は健康経営の目的を自問自答することから始めませんか。

○健康経営宣言のつくり方

健康経営アンケートで健康課題が明確になったら、次に着手するのが「健康経営宣言」の作成です。この宣言は健康経営を実践していくうえで軸になる理念ともいえるもので、経営理念と同様、従業員に対して健康経営の意義を伝える重要な役割を担います。

「健康経営宣言」は次の質問シートを通じて、あなたの健康経営への想いを明確化し、その想いを組み立てて宣言を作成するという流れで形にしていきます。左記は私が実際にコンサルティングの現場で使っている質問シートの一部です。

1 自分自身、または周りの方が病気になって、会社や取引先がたいへんな状況になったことはあるか？

2 なぜ今回、健康経営を導入したいと思ったのか？

3 健康経営を導入して、どんな会社にしたいのか？

4 自社の強みは何か？

5 従業員が健康になったとき、自社の強みはどのように強化されると思うか？

6 経営者として、従業員にどうなってほしいと思うか？

どうですか、サラサラ答えられましたでしょうか。
ちょっと分かりにくいかもしれませんので、回答例を紹介しますね。

1 **自分自身、または周りの方が病気になって、会社や取引先がたいへんな状況になったことはあるか？**

- 幹部従業員が急遽入院することになり、顧客にたいへん迷惑をかけた。
- 彼の穴埋めは自分しかできないので、普段の倍は働いた。

●彼が会社に復帰できるかどうかすごく心配した。

2 なぜ今回、健康経営を導入したいと思ったのか？

●人手不足の時代なので、今いる従業員を大切にして、元気に長く働いてほしい。

●健康に暮らすことの大切さは、どんな人も賛同してくれるはず。

3 健康経営を導入して、どんな会社にしたいのか？

●経営理念にあるように、「全従業員が幸福な人生をおくり、事業を通じて社会に役立つこと」そのためには、従業員の健康がベースになる。

4　自社の強みは何か？

- お客様の様々な要望に対して現場のスタッフが臨機応変にクイック対応できるところ。

5　従業員が健康になったとき、自社の強みはどのように強化されると思うか？

- 現場のリーダーがお客様の要望を本質的に理解し、どのように実行すればよいか、自分でプランを立てられる。今よりお客様の信頼が増す＝ファンが増える。

6 経営者として、従業員にどうなってほしいと思うか？

- 自分の仕事が世の中の役に立っていることを現場で日々感じ取り、やりがいを感じてほしい。そのためには、健康状態がよくないと、臨機応変になれない。心身ともに健やかになってほしい。

さあ、質問には答えたものの、回答をもとに健康宣言を作成するにはどうすればよいのでしょう？

質問内容から健康経営宣言をつくるのには、実はちょっとしたコツがあります。

健康経営宣言を作成するにあたって重要なのは、このうち3～6の質問です。この4つの質問に対する答えを次のようなフォーマットに組み込んでいけば、健康経営宣言の骨組みができあがります。

○健康経営宣言　草案

●自社のミッション（経営理念）は「○○○○○○○○○○○」であります。
●そして、自社のビジョンは【3】です。
●ミッションを遂行し、ビジョンを達成するには、自社の強み【4】をより一層強化する必要があります。
●そのためには【5】が大切です。
●その結果として、全従業員が【6】になれます。

この質問シートはいわば経営者自身が自らの経営を省みるためのツールです。

しかし、経営者が1人で自問自答しているだけでは、会社にとって価値の高い「健康経営宣言」は作成できません。よりよい「健康経営宣言」を完成するためにはやはり、経営者仲間や肚をわって話せる従業員など客観的な視点を持つ第三者と語り合うことをおすすめします。そうすると考えたこともなかった意見やものの見方と出会うことができ、より自社にとって必要な健康経営とはどのようなものか、理解が深まるはずです。

実際、弊社のコンサルティングの現場では、従業員の方も交えて経営者へのインタビューを行い、健康経営宣言を導き出すお手伝いをしていいます。実際のインタビューを文字に起こしたものと、そこから作られた健康経営宣言を載せておくので、ぜひ参考にしてください。

（株式会社遊文舎様から許可を得たうえで転載しています）。

〈健康経営宣言インタビュー〉

株式会社遊文舎

事業内容——書籍・論文集・紀要などの編集・印刷、カタログ・マニュアルなどの販売促進物全般のデザイン・制作・印刷

2018年度売上実績——8億5000万

従業員——55人

インタビュー

▼▼木原社長様、Tチーフ様、D様

当社の強みと課題

木原　一口に言ったら人財ですね。総合印刷会社なんですけど、技術的にオンリーワンというものは正直言ってないんですね。秀逸な部分と言えば書籍の制作。関西で書籍制作に対応する会社として一定のブランド力はありますね。そういった中で他社さんに比べてどこが優れているかというと、一つは従業員のクオリティが高い、帰属意識が高いところ。もう一つは会社として先行投資をして、年に一回位は新しいチャレンジをしています。企業買収であったり、新規事業であったり、営業所の拡大であったり、インターネット通販の投資であったり、そういったことのバランスはとれているのかなと。

笠間　新規事業を始める時、どのようにプロジェクトリーダーを任命されるのですか。

木原　企業買収など難易度の高いものは私のほうでやっていますね。丸投げでやったら絶対うまくいかないので。リスクはこっちがとりながら、基本的には兼務ということで、既存事業のエース級を投入していますね。そういった、かなり大胆な人事というものをやっていかないといけない。社内にきっちり味方がいる人間を中心に事業を立ち上げていく。そういうことをしていかないといけない。そう思っていますね。

従業員の特徴

笠間　人財の特徴や強みという点はいかがでしょう。

木原　新卒採用にチャレンジする会社ではない、むしろ中途採用のほうが、多彩な人財に会えるかなと。何年か勤めてここの会社、ここの仲間、ここの社風、理念に共感してくれている方が多いのかなと。理念というところですが、先代は文学的なこともありましたが、今は、「遊文舎に関わる全ての人が楽しく幸福であるために、仕事は面白くやらなアカン！」という、覚えてもらいやすく関西弁にしています。

笠間　社員さんとしては、どうお感じですか。

D　わかりやすくて、インパクトがあって、いいんじゃないですか。

木原　楽しくというのは、「幸せに」ということですね。働く人、関わる人が幸せにってことは、働く人にとってはやりがいがある仕事と、安定した所得に他ならないと思います。お客様にとっては、この会社に仕事を頼んで良かったという満足感。取引先にとってはこの会社と仕事をして良かったという安心感。その為に、手段として会社が成長しなければならない。会社を成長する為には、売上を最大に、経費を最小にする。そのために、みんな考えて行動していきましょうということで、そういったことで定期的にＰＤＣＡを回すわけです。

笠間　仕事の中で、「こういうところが楽しい！」、それは具体的に言いますと？

木原　物づくりという面で、相手とコミュニケートしながら一つのものを作っていくというのが、向いてるか向いていないか、好きかどうか。他人と協力して一つの目的を達成するのが好きかどうかということですね。そこが苦手な方は続かないのでしょうね。利己的なといいますか、自分だけが金儲け出来たらいい、自分の都合だけ優先する人はなかなか難しいです。客先にも客先の都合がありましてね。**仕事は生きものという社是がありますので、仕事の工程やスケジュールは柔軟に臨機応変に変えていかないといけないですから。**

笠間　一つの書籍を作り上げるのに社内・社外含め多くの方が関わられます。その方々にゴールのイメージを理解していただく必要があるかと思うのですが、20～30人の方にどうやって、そのイメージを伝えておられるのか、情報共有されているんでしょうか。

木原　それはシステムの構築や、正確に伝達する為の手段を随時構築していますね。でも最後はやっぱり、伝達するのは人ですから、一番のキーは印刷営業というものが中心になってプロデュースする。そんな仕事の流れになっていますね。

笠間　営業　兼　プロデューサーという感じですね。その人に求められる資質とは？

木原　「誠実」、「信用される」、また、営業ってのは、まず人に好かれないと話にならない。でも、それだけではダメなんで、商品知識もさることながら、一つひとつ正確に記帳して正確に伝達するホウレンソウ、コミュニケーション力が必要とされると思いますね。今、印刷営業＝名いますけど、この業界の経験者ってのはいないんですね。他業種から転職してくれたんですけど、皆、そういう能力が長けてる人間が最近は特に揃ってきたので、採用のスキルもちょっと上がってきたとは思います。入ってきた人間が先輩を見て５年10年後の自分たちの姿として、リスペクトするようになってきたのかなと。そういうふうになりたいと。そんな流れが出来てきたのかなと思います。

笠間　リスペクトですか。どこがリスペクトの対象なんでしょう？

木原　人柄や仕事のやり方、現場の人間とか外注先の人間とかをうまくコーディネートして仕事をするところとか。そういうスキルを磨きたいと思うんでしょうねえ。

笠間　そういう有能な方って具体的にいいますと？　例えば人柄がいいとか。

木原　そうですね、責任感がありますね。何人かいますけどね、東京の営業の責任者が、まだ年も34～5なんですけど、非常に成長しましたね。向こうの立ち上げの時に責任者として行ってもらったんですけど、大阪の時は、受け身の仕事しかしていなかった。お客様や先輩から言われたことを忠実にやるという仕事のスタイルだったんですけど、今は仕事の流れから、お客様のリクエストをこなすとかではなく、営業所の所員が11名位いますが、部下をうまく使って会社の収益を上げてますね。働いている人たちの労働生産性を上げたり、環境改善したりとか、そういう具体的な施策まできっちり立案できる位になりました。そういうところっていうのは、下の人間から見ると、しっかりした人間が居てると映るんじゃないかと思いますね。

笠間　なるほどです。仕事の進め方というか、社内での取り回しの仕方がしっかりしとかないと大変な仕事になっていきますよね。どうしても、残業が増えがちなお仕事ではあるんやろうなと思うんですが……。

木原　確かに繁忙期の時などはかなり残業が増えてしまっている。そういう現状がありますから、こういう取り組みをしているんですが、結果としてそうなっても、なぜこの仕事はこんなに残業しないといけないのかと理由付けをしっかり部門の人間に説明して、離職しないよう、今後もやりがいを持ちながら、楽しく仕事できるようにね、きっちりコントロールできているなと思います。

笠間　健康経営を始めるにあたって、みんなにこんな風になってほしいなという人物像みたいなものは？

木原　利己的なことを口に出す人間は私の前では一人もいないんです。中間層でチーフ会という組織を作ったんですけどね。30、40代の実務を中心にやるものが集まって、業務上のところで売上を最大に、経費を最小にして、会社の利益を上げさせて、その結果としてみんなの所得を上げていこうと。**そのためのアクションプラン、日常の業務に関しては自分らで考えようという組織をつくったら、非常にみんな前向きに取り組んでやっているで。勝手に組織が自走しているんでね、そこは遊文舎の強みだと思いますね。**遊文舎がそれなりに好きで仲間と一緒に、ここをよくすることによって、自分たちが豊かになろうということには共感していて、まぁ反対はしてないと思いますね。

笠間　皆さんが遊文舎が好きで、利己的な人間はいなくてという状況になりますと、相当いい会社ですよね。

木原　僕は勝手にそう思っているんですけどね（笑）。

D　そう思っている方は多いんじゃないかと、私は感じています。まだ入って半年ですが、皆さんのびのびと働いているように思います。

T　そうですね……。自由にやるのがこの会社の社風なのかなぁと思いますね。その社風に合っている人が残っているんだろうなあと思います。

笠間　基本的に木原社長さんは自分の裁量といいますか、社員さんにはのびのびとやってほしいというお考えなんでしょうね。

木原　はい、まあ、そうですね。**あまりルートをがっちり決めるというよりは、方針だけ皆で合わせてね。何を以てのびのびというかはちょっと分からないですが、（仕事を）楽しくやってもらうにはのびのびしないといけないのかなと思いますね。**

笠間　その点からしますと理念共有は、言語化レベルではなくて、社風、風土的にはされているんだろうなと思います。そういう意味では、健康経営も浸透していくんだと思います。

従業員への想い

木原 (経営理念について) 方向性は出てきているのかと思いますが、利己的というのはその方向性と反対だということです。そういう人間は現状はいないかと思います。いろんな人は辞めていきましたが。

笠間 Tさんは入社9年ということで、いろんなシーンを見てこられたと思いますが。

T 利己的な人が辞めていったとは思わないですね。

木原 私の驕りかもしれませんが、私の立場から見たらそう見えるようなこともありましたね。彼女らの立場から見た人物とか人となりとかは、また違うでしょうけど。

T (会社の社風と) 合わないと思った人は辞めていく。無理だと思った人は辞めていく……。やりたいことが他に出来たから辞めていくという人もいたし……。仕事の内容もどんどん変わっていますしね。デザインの方とかやりたいことを明確にされている方も……。

木原　（弊社のやっている）学術系の堅いものじゃなくて、もっと商売っ気のあるおしゃれでかっこいい、大企業のＰＲ系に携わりたい方（は退職しがち）ですね。そのように仕事内容のミスマッチで退職された方もいますし、純粋に利己的にもっと給料のいい会社を探したいなと、福利厚生面なんかでも、まあいろいろですね。

笠間　仲間と価値観が一緒だとやりがいがある、組織の一員として居場所があると思うのです。遊文舎の皆さんはアカデミックで、またそういう仕事を楽しんでおられる。そういう観点からしますと、ご創業の由来が響いてくるもんがあるなあと思うのです。

木原　ありがとうございます。遊ぶという言葉を社名に入れるのはいろいろありましたよ。ただまあ、「遊ぶ」っていうのが、やっぱり会社の理念の根幹にずっと脈々とあって、「遊ぶ」というのは楽しく生活しながら、その中で仕事の糧を見つけるということだと思いますね。正解だと思いますね。遊文舎という社名にしたのは。

笠間 文学や知性というと堅いイメージがありますが、それを遊ぶというフィーリングで接していける人。そんなイメージを今日のお話から感じました。

木原 人生のうち就労している時間は半分くらいあるわけで、そこを生活の手段としてしか考えない人は辛いんじゃないですか。金儲けだけなら、楽な仕事はあるでしょうしね。まあ、たまたまそういう人達が集まってくれたということでしょうね。

健康経営を導入するにあたって

笠間 クリエイティブな仕事をやるにあたって健康、元気ってすごく大事なことだと思うのですが、いかがでしょう。

木原 スタッフの健康を考えて何かやってるかと言えば、今は何もやっていない状況なので、この機会に自主的にやってほしいなと、思いましてね。

T　従業員のためになることならドンドン取り組んでいきたいと思うんですけど、現実の問題との差がすごくあるんじゃないかなと……。そういう気がしますね。

D　こういうのいいなと。15分のお昼寝とか、ラジオ体操とか、こういうのをみんなでやるとチームワークも高まりますし、いいなと思ったんですけど、実際のところを見ると営業さんとか、お客様の対応をされている方もおられますので、全員が同じ時間に揃ってみんなでやるのが難しそうだなと……。実際出来るかと言われると問題があるのかなと思いました。

笠間　その会社会社で違いますが、健康経営をするにあたって、控えめになる必要はないと思うんです。といいますのも、健康ということに関しては、健康になりたくないという方はいないので、そういう意味

で積極的に周りを巻き込んでいってもらえればと思います。

D 皆で健康になるのはもちろん、出来ることなら進めていきたいんですけど、健康になるために何か活動をするのか、心だったり体力を休める場をつくるのか、**従業員一人ひとりによって何が自分にとって健康になるかって違うじゃないですか。なので、皆さんの声を集約して進めていければいいんじゃないかなと感じました。**

木原 せっかくですから政府に認定されることと並行して、**中身の伴った形骸化しないことをやりたいですね。**

T そうですね、形だけになるんだったらやらないほうがいいと思いますね。**みんなのためになるんなら、やりがいは十分にあるんじゃないかと思います。**

木原 もちろん丸投げはしませんので、私も一緒に入りながらね。スタッフのみんなが私と腹を割って話してくれないのが悩みですから、丁度良い機会だと思います（笑）。

健康経営宣言

遊文舎の経営理念は
遊文舎に関わる全ての人が楽しく幸福であるために

仕事は面白くやらなアカン！　です。

これは、お客様・取引先様・スタッフの皆様・そのご家族等、遊文舎とご縁のあったあらゆる方の幸福に寄与できる、関わってよかった、今後ともよい関係を継続したいと思っていただける、そんな会社でありたいという想いを表現した私たちの信念です。

〈スローガン〉

育てよう our company!
自ら創ろう our great future!

これは、遊文舎はオーナーのものではなく「関わる全ての人」一人ひとりのものであり、遊文舎の提供する商品サービスによりお客様が幸福になり、そのことにより遊文舎が健全に成長し、取引先の皆様や従業員も幸福になるという「幸福のスパイラル」を目指す私たちの決意表明です。

私たち遊文舎はこの理念とスローガンのもと、関わる全ての人たちの幸福のために考動します。そのための手段として会社を存続させる、その原資の利益を出す、売上を最大に経費を最小にすることに従業員一同力を注ぎます。面白く仕事をするには自分の主体的な取り組みが必要です。かかわる方々とアイデアを出し合い創造性を発揮できる、そんな仕事そんな人生が面白いと考えます。そのためには心身ともに健康で元気な暮らしがベースであり、関わる人全員の物心ともに豊かで幸福な人生に寄与するものと確信しています。

2018年５月　　　　代表取締役　木原　庸裕

○「健康経営宣言」を社内に通達するときは「伝え方」を工夫する

一生懸命考えた「健康経営宣言」が完成したら、つい「よし！　これを社内に通達して健康経営をスタートさせるぞ！」と意気込んでしまいがちです。しかし、たとえどんなに経営者の想いがこもっていても、従業員の大半は「経営者が何か新しいことを始める＝自分たちの仕事が増える」と考えます。そのため、何の工夫もなしに「健康経営宣言」を通達した場合、従業員たちは十中八九、「それ、誰が担当するんですか？」と顔をしかめるだけです。

キックオフがそんなムードで、従業員たち自身がやる気にならなければ、健康経営は必ず失敗に終わります。

そこで活用したいのが「健康経営宣言」を作るための質問シートにあった、１つ目の質問です。すなわち「自分自身、または周りの方が病気になって、会社や取引先がたいへんな状況になったことはあるか？」です。

たとえば幹部従業員が急遽入院することになり、その穴埋めをするために従業員全員で残業をした、という経験があれば、「あのときのようなことが二度と起きないよう、みんなのために健康経営を導入しようと思うんだ」という伝え方ができます。

幸いにして、もしそんな経験がまだない場合は、見聞したことがある他社の事例などを参考に、自社でもし幹部従業員やエース従業員が突然倒れてしまった場合にどんなことが起きるかを想像してもらうのがおすすめです。

「取引先のA社ではこんなことが起き、仕事が止まってしまった結果、何件もの契約が失われた。想像もしたくないが、うちで○○くんがもし今倒れたら、会社はどうなると思う？　みんなで残業してその穴を埋めなければならなくなるし、最悪の場合は別の病人が出てくる可能性もある。そうなったらもっと状況はたいへんになる。こんな事態をあらかじめ防ぐために、健康経営を導入しようと思うんだ」という具合です。

このような形で健康経営を自分のこととして理解してもらったうえで、「健康経営宣言」を通達すれば、経営者の想いは確実に伝わります。

○健康づくりリーダーの任命 〜第1回健康経営ミーティング招集

「健康経営宣言」の通達が終わったら、次に「健康づくりリーダー」の任命を行います。

これは健康経営を現場レベルで進めていく際のリーダーで、どんなアクションを起こすのか、どうやって他の従業員を巻き込んでいくのかに始まり、アクションの効果測定や改善策の考案などの責任も負います。いわば、ある会社が手がける「健康経営」という事業を任せるのと同じなのです。そのため「各事業所に1名」とか「本社だけの会社なので全社で1名」ではリーダーの負担が大きくなりすぎて、健康経営自体が頓挫しかねません。

したがって健康づくりリーダーは、各部署に1名ずつ置くのが大原則です。もしそれが難しくても、最低各フロアに1名は必須です。部署の人数が多く、リーダー1人では目が行き届かなかったり、荷が重かったりする場合は副リーダーの任命も必要です。

リーダーに関しては「誰を選ぶか」も非常に重要です。主体的に動くことが苦手な人は向いていません。前述したように健康づくりリーダーは事業の責任者と同じ役割を果たさなければならないからです。

しかしその一方で、社内での発言権が強く、他の従業員が「あの人が言うなら従うしかない」と感じてしまう人も、実は健康づくりリーダーには向いていません。というのも、健康経営では従業員たちがお互いに本心で語り合える組織を目指しているからです。

トップダウンで物事を決めてしまえる人が健康づくりリーダーになると、本心によるコミュニケーションが生まれなくなるため、健康経営を通じて会社が大家族のような組織になっていきません。そのためリーダーに役職者を選ぶ場合は積極的に部下の意見を取り入れるタイプの人が適任であります。

適切な人材を健康づくりリーダーに任命したら、それと同時に「第1回健康経営ミーティング」の招集を行います。ここまで来れば、いよいよ健康経営のスタートです。

○Ｐ（計画）・Ｄ（実行）・Ｃ（検証）・Ａ（改善）はどうやって回していく？

健康経営ミーティングを招集すると、各部署のリーダーからアイデアが集まってきます。「ウォーキングを習慣化できないだろうか」「終業後に部活動をやってみたい」「禁煙キャンペーンはどうだろう」「読書会を通じてコミュニケーションを促進したい」など、出てくるアイデアは様々であり、どれから実践してもかまいません。

とはいえ、行き当たりばったりで行動に移しても収拾がつかないので、普段の仕事と同じようにＰＤＣＡを回す必要があります。

通常、収益を目的としたプロジェクトでは数値目標などをきっちり決めて、それに基づいてＰＤＣＡを回します。しかし健康経営におけるＰＤＣＡでは数値よりも、現場の従業員たちの肌感覚を重視します。

なぜなら、初期段階で数値化する意味があまりないからです。たとえばあるリーダーが「バドミントン部を発足させたい」というアイデアを出して、実行に移したとします。企業や部署の規模にもよりますが、そのとき4～5人集まれば十分成功したと言えます。逆にリーダー以外誰も関心を示さなかったら失敗したとわかります。大人数が集まった場合も、盛り上がったかどうかは感覚的にすぐわかるものです。ですから厳密に数値を定めなくても、肌感覚だけで十分ＰＤＣＡが回っていくのです。

また、最初から数字で管理すると、どうしても仕事になってしまうのです。つまりは、義務感が生まれます。

また感覚ベースのＰＤＣＡには、より早くサイクルを回せるという大きなメリットがあります。数値の計算や分析が必要ないので、Ｐ（計画）・Ｄ（実行）・Ｃ（検証）・Ａ（改善）すべてのスピードが上がるわけです。

すると何か新しいチャレンジをするのが容易になるので、「あれもやってみよう」「これはどうだろう」と活動がどんどん広がり活発化していきます。その結果、健康づくりリーダーはもちろん、組織としてもチャレンジが当たり前、という文化が形作られるのです。

もちろん、ある程度、形が整った段階で数値把握するのは、ステップアップには必要ですが、最初はやる気がある健康づくりリーダーの勢いに任せて、スタートするのが得策です。

変化の速度がますます上がっていくこれからの時代を生き残っていくためには、組織や人も絶えずに変化していかなければなりません。健康経営を通じて根付いていく「チャレンジ文化」は、そのための強力な武器となってくれるはずです。

このように長期的な視点から考えても、健康経営のＰＤＣＡは現場の感覚に基づいて回していくほうがいいのです。

○成功させるポイントは「従業員主体」

健康経営は会社全体を巻き込んだプロジェクトなので、スタートするまでは経営者がトップダウンで号令をかけなければなりません。しかし実際に健康経営がスタートし、健康経営ミーティングでPDCAが回り始めたら、経営者はプロジェクトからできるだけ距離を置くべきです。

従業員それぞれに健康経営を我がことと感じてもらうためには、「自分たちがやりたいことを、自分たちで考えて、自分たちでやっている」という感覚を持たせねばなりません。そのためにはトップダウンではなく、ボトムアップ式でプロジェクトを動かす必要があるのです。

また社長が健康経営ミーティングに積極的に参加してしまうと、どうしても健康づくりリーダーが社長の顔色をうかがって会議を進めてしまいます。それでは本心によるコミュニケーションが生まれなくなるので、やはり健康経営は失敗してしまいます。

健康経営の主役はどこまでいっても従業員です。そのことをしっかりと胸に刻んでおきましょう。

制度の概要と認定取得のメリット

健康経営を導入し、徐々に社内に浸透してきたら、次に目指すのは「健康経営優良法人認定制度」に基づく健康経営優良法人認定の取得です。

経済産業省のＨＰでは同制度について、「地域の健康課題に即した取り組みや日本健康会議が進める健康増進の取り組みをもとに、特に優良な健康経営を実践している大企業や中小企業等の法人を顕彰する制度」（経済産業省ＨＰ）と紹介されています。

表１

年　度	（大規模法人部門）認定取得法人数	（中小規模法人部門）認定取得法人数
2017（初年度）	235法人	95法人
2018	541法人	776法人
2019	821法人	2503法人

同制度は経済産業省が中心となって運用しており、２０１９年で3年目を迎えました。（詳細はＷｅｂサイトで「経産省　健康経営優良法人」にて検索してください。）

制度の目的は優良な健康経営を実践している法人を認定によって「見える化」し、従業員のみならず求職者、取引先や金融機関などからの社会的評価を得られるような環境を整備することです。大企業などを対象とする「大規模法人部門」と、中小企業などの対象とする「中小規模法人部門」の2部門が設けられています。

中小規模法人部門に関しては、申請期間内（例年は9月～10月あるいは、11月）に定められた内容の申請書を提出したあと、審査期間を経て、翌年2月に認定法人の発表が行われます。更新は1年ごとなので、一度取得したからといってその後ずっと「健康経営優良法人」でいられるわけではありません。

「毎年更新なんて、手間がかかるなあ……」と思うかもしれませんが、大規模法人部門、中小規模法人部門ともに毎年認定取得数は増加しています（表1）。というのも、健康経営優良法人の認定取得には明確なメリットがあるからです。

○メリット1：採用力アップ

最もわかりやすく結果が出るのが、採用です。認定を取得すると「健康経営優良法人」のロゴを会社のホームページに掲載でき、その効果で求人への応募数が目に見えて増加します。弊社も健康優良法人の認定取得前後で応募数が１・５倍に増えました。残業の多い業界や、肉体的・精神的にハードな業界の場合は、３～４倍に増加するケースも珍しくありません。

弊社と交流のある「シー・システム株式会社（大阪市北区）」様は業務用のＩＴシステムを開発する会社ですが、２０１７年から3年連続で健康経営優良法人の認定を取得しています。同社が属するＩＴ業界は長時間残業や休日出勤も多い仕事なので、健康経営を実践している企業はまだ少数です。そのため、他社が「人が採れない」と嘆くなか、１人の採用枠に１３０人の応募者が集まるなど、人手不足の悩みとは無縁の採用力を誇っています。

応募者が増えれば優良な人材が応募してくれる可能性が高まる上、ニーズに近い人材を選べるので、働き手の質という面で競合に対して優位に立つことができます。

○メリット2：退職率ダウン

厚生労働省の「平成29年雇用動向調査結果の概況」によれば、転職者が前職を辞めた理由の中でもっとも多かったのは男女ともに「労働時間、休日等の労働条件が悪かった」でした（その他、定年退職などは除く）。

しかし経営者として辞めていく従業員たちと向き合っていれば、労働時間や休日の問題は退職理由の一つでしかないということが見えてきます。従業員が退職する本当の理由はほかでもない、「しっかりした人間関係が築けていないこと」にあります。抱えている悩みや課題、本心を打ち明けられない環境が退職につながるのです。

そういった働き手の精神面に関わる職場の問題は最近では「ハイジーンファクター（衛生要因）」と呼ばれ、従業員の離職に関わる大きな要因だと考えられています。「ハイジーンファクター」には職場における人間関係の他、作業条件や健康、家庭との両立などが含まれます。国内でももっとも多いとされる「労働時間、休日等の労働条件が悪かった」という退職要因はまさにこの「ハイジーンファクター」のベース部分と言えます。

「ハイジーンファクター」に課題が多い会社では、従業員は次のように感じがちです。

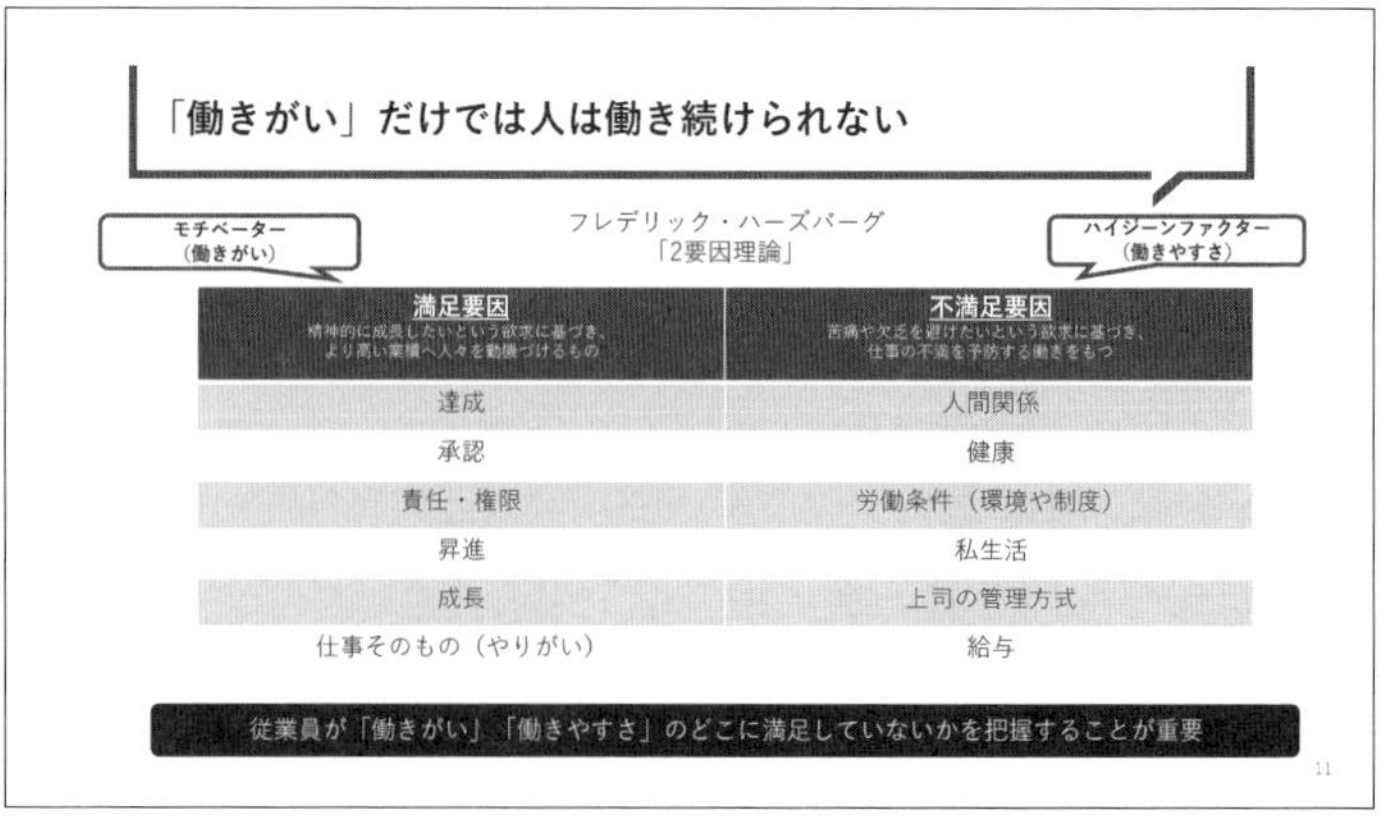

「働きがい」だけでは人は働き続けられない

モチベーター（働きがい）				ハイジーンファクター（働きやすさ）

フレデリック・ハーズバーグ

「2要因理論」

満足要因 情熱的に成長したいという欲求に基づき、より高い業績へ人々を動機づけるもの	不満足要因 苦痛や欠乏を避けたいという欲求に基づき、仕事の不満を予防する働きをもつ
達成	人間関係
承認	健康
責任・権限	労働条件（環境や制度）
昇進	私生活
成長	上司の管理方式
仕事そのもの（やりがい）	給与

従業員が「働きがい」「働きやすさ」のどこに満足していないかを把握することが重要

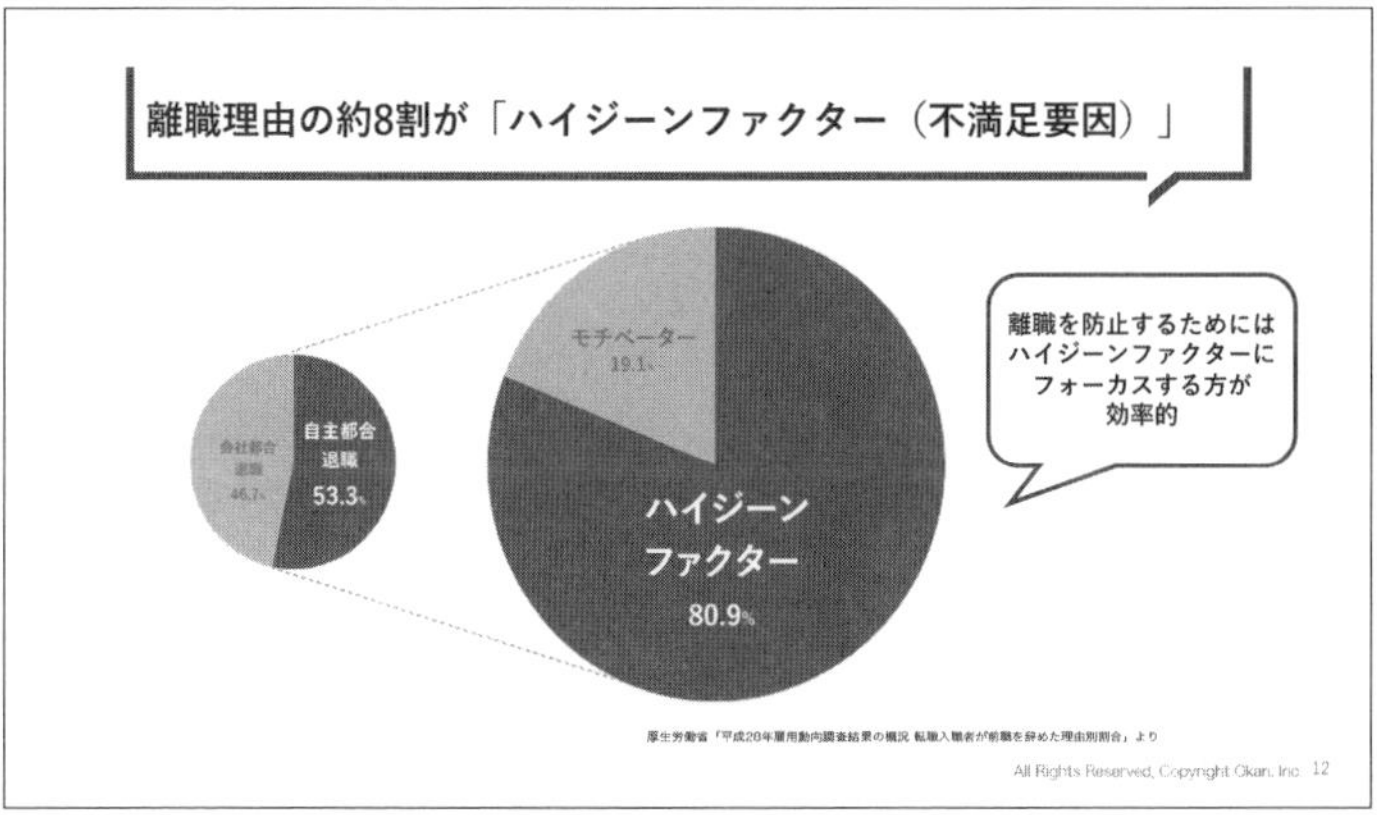

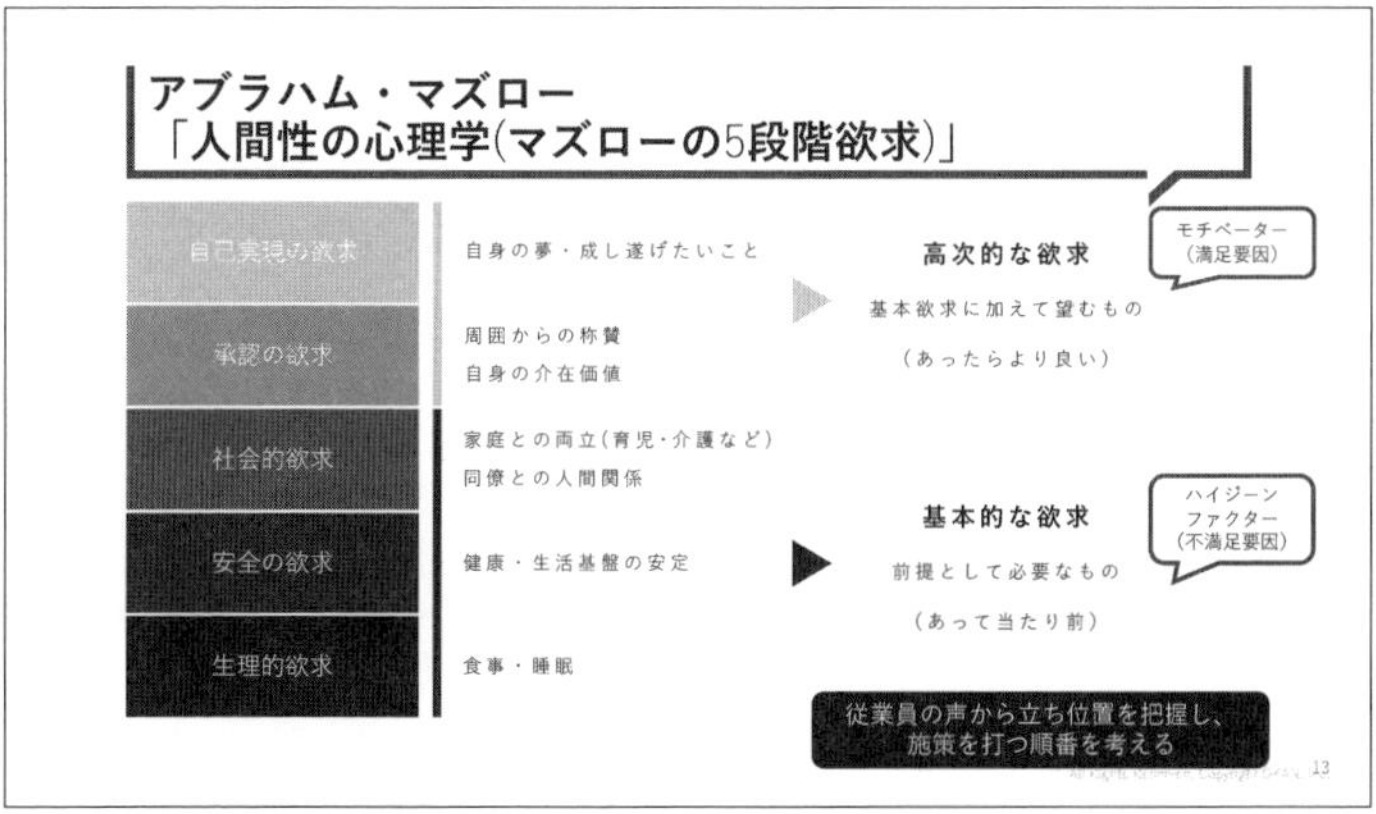

出典：株式会社OKAN「働きつづけやすい」会社をつくるための
組織の健康診断ツール【ハイジ】資料

- 自分はこの会社のなかで一人ぼっちだ。
- 本当の自分を受け入れてくれる人なんて、この会社にはいない。
- もっと自分らしくいられる場所で働きたい。

そんな風に感じた従業員は遠からず会社を去ります。転職市場は空前の売り手市場なので、退職の決断は容易です。

健康経営を実践していれば、こういった人間関係の問題による退職を高い確率で避けることができます。

経営者や上司が仕事はもちろん、自分の健康やプライベートのことまで気遣ってくれる。「辛くなったら言ってくれ。いつでもみんなでサポートするからな」と言ってくれる。そんな環境であれば、多少残業が多くても「今すぐ辞めてやる！」とはほとんどの従業員が考えないものです。それでも退職する従業員にはよほどの理由があるので、会社としても「やむを得ないこと」と納得できます。

健康経営の本質は会社で働く人の間に家族のような関係を構築することで、従業員たちの居場所を作ることにあります。ですから、健康経営を実践する会社では、その結果として退職率がダウンしていくのです。

○メリット3：労働生産性の向上

心や体に不調があれば、会社を休まざるを得なかったり、出勤はしているものの仕事にあまり身が入らなかったりと、労働生産性が大きく下がってしまいます。

実際2009年にアメリカの研究者たちが行った調査では、うつ病や不安障害、肥満や不定愁訴（動悸、息切れ、頭痛や不眠といった慢性的な体調不良）が労働生産性の低下と強い関係性があることが明らかになっ

健康経営開始前後の５年以内の売上高営業利益率の業種相対スコア

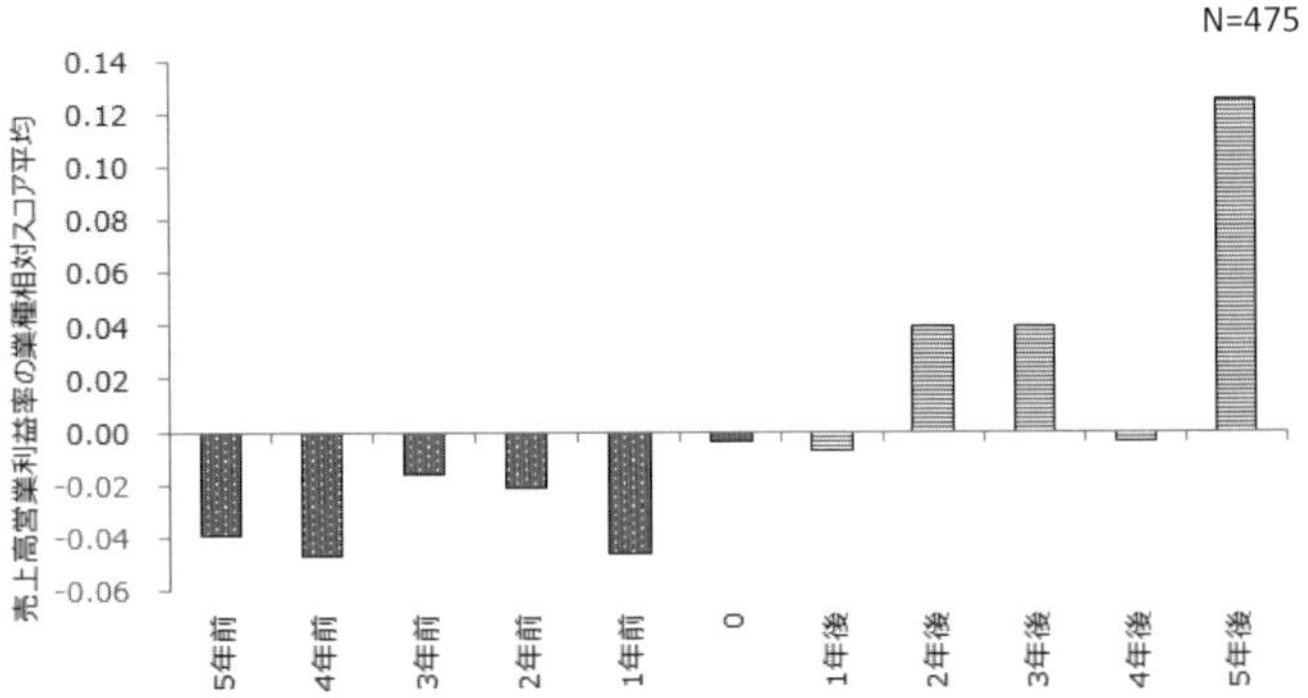

注：健康経営を始めた時点を０とした前後の最長５年以内の売上高営業利益率の業種平均スコアの平均値、５年前より後に健康経営を始めた場合はサンプルは無いとする
出典：経済産業省「第20回健康投資ＷＧ事務局説明資料③」

ています。2018年に東京大学の研究チームと横浜市が共同で行った調査でも、健康リスクが高いほど労働生産性への影響も高まっていくことが報告されました。

仕事は気合いだけではどうにもならず、心身ともに健康でなければ、高いパフォーマンスを発揮することなどできないのです。

裏を返せば、健康経営によって従業員の心身の健康が実現できれば、労働生産性が今よりも向上するということになります。とりわけハードワークになりがちな職場では、より高い効果が期待できます。

また、経済産業省が2019年に発表した資料では、健康経営の導入と企業業績改善の相関性を立証しています（前頁グラフ参照）。

○メリット4：リスクマネジメント

会社には従業員に対して「安全配慮義務」を負います。従業員が安心して働けるよう環境を整えなければならない、というルールが会社側には適用されるのです（労働契約法　第5条）。違反した場合には、従業員やその遺族から安全配慮義務違反として訴えられ、多額の賠償金の支払い命令を受けることもあり得ます。

従業員の健康を守る体制がおろそかであれば、「訴えられる」ことすらあり得るのは経営者としては周知の事実ですが、健康経営を導入すれば、こうしたリスクを抑えることができます。

健康経営優良法人の「認定取得まで」が目的ではもったいない！

このように健康経営優良法人の認定取得には、様々なメリットがあります。ですから、認定取得を一つの目標にするのは当然ですが、ゴールと考えるのは適切ではありません。

もちろん、健康経営優良法人の認定を受けられるレベルまで到達すれば、従業員の健康状態が改善され、採用力アップや退職率ダウンといったメリットを享受できます。でも、そこで満足してしまうのはもったいない、と私は考えます。なぜなら、健康経営の実施はあくまで手段にすぎず、真の目的は健康的な組織を作ることだからです。

心身ともに健康な従業員と家族のような関係性を醸成し、時代の変化に対応できるタフなチームを結成することこそ健康経営のゴールであることをこれから健康経営を手がける読者のみなさんにはぜひ覚えておいていただきたいと思います。

自分達だけで進めるか。
誰かにサポートをしてもらうか

健康経営は読んで字のごとく、従業員の健康をベースとしてよりよい会社づくりを目指すことですから、思い立ったら吉日。経営者が「さあやるぞ！」と決めればその日から健康経営スタートです。

ただ、健康経営優良法人（中小規模）の認定を取得したい。そして、従業員のみんなが健康になって終わりではなくて、一人ひとりの仕事力人間力を改善し、組織として自社の強みを発揮する――つまりは生産性を上げていくことまでを視野に入れると、健康経営に詳しいプロフェッショナルにサポートを依頼したほうが近道です。

サポートを提供するプロフェッショナルにもいろいろな人がいますが、主に次の3つの項目を指標として選ぶと間違いがありません。

(1) 健康経営エキスパートアドバイザーの資格を持っているか

東京商工会議所が認定している健康経営エキスパートアドバイザーとは、健康経営に取り組む上での課題を抽出・整理した上で、その課題解決に必要な取り組みを提案するとともに、その実践を具体的にサポートできる専門職の認定で、2019年度は全国で223人が認定を受けています。健康経営アドバイザーの資格を取得後、一定の実務期間を経て、取得のチャレンジが出来る制度になっており、エキスパートアドバイザーの資格を持っていることが健康経営のサポートを出来るかどうかの条件になっています。

健康経営アドバイザーは、そういう意味で入門編の資格であり、基礎的な知識は持っているものの、実際に個々の事例に応じて企業のサポートが出来るだけの実践力は有しません。

したがって、健康経営エキスパートアドバイザーの有資格者に相談することが健康経営導入の適切な入口です。

(2)　健康経営優良法人認定取得のサポート実績が今までに何社あるか

中小企業が実践している健康経営の活動内容は、各会社の社風により多種多様です。会社ごとに環境やニーズが違うので、その会社に合ったやり方をオーダーメイドする必要があるためです。そうでないと、従業員さんの本当のやる気がわかず、自主的な活動になりません。

もう一つ欠かせないのが、オーダーメイドされた活動が健康経営優良法人の認定を取得できるようコーディネートすることです。認定にはいくつもの条件があるため、取得するためにはそれらの条件に合うよう、活動の内容を調整する必要があるのです。

サポート実績がある程度ないと、それぞれの企業にとって最適な活動を選択し、健康経営優良法人の認定の取得を支援できません。せっかくの健康活動が認定につながらないケースも多々あります。

サポートする側の経験知が問われる問題であり、実際にサポートした実績の件数がものをいいます。

(3) 経営の本質から、健康経営をベースに経営改善につなげられるか

一番大切なチェック項目です。

健康経営優良法人の認定を取得できた。認定ロゴも名刺やＷｅｂページに貼り付け、外部からの評判もよくなった。もちろん、求人の応募人数も増えた。社内には、「社長が自分達の健康を意識してくれてありがたい」との声が……。でも、それでゴールでしょうか？

健康経営優良法人（中小規模）の認定取得する会社は年々増え、２０２１年には、全国で１０、０００社を超えると予想されます。つまりは、ちょっといい会社なら健康経営をやっているのは当たり前になるわけです。

そんな中、健康経営をやってよかった、と本当に思うには、従業員のバイタリティが増大して職場にエネルギーが充満し、会社の強みを活かした活動によってお客さんに喜んでもらえた時です。

つまりは生産性を向上することこそ、健康経営の成果なのです。ひいてはそれが、従業員の待遇面改善につながるのですから。健康経営は手段であって、従業員の物心両面の幸福と社会にお役立ちする、そんないい会社にすることが目的です。

現在、健康経営のサポートを提供しているのは、次のような会社や専門家です。

- 健康経営に関わる商品・サービスを扱う会社
- 健康経営コンサルティングを提供する会社
- 社会保険労務士
- 中小企業診断士
- 生命保険会社

各々特徴があるので、自社が健康経営を活用してどうなりたいか、という目的をまず明確化してから選択するとよいでしょう。

column

コラム

保険会社さんの健康経営サポートって本当のところどうなの?!

気軽に健康経営の相談が出来る窓口としてよく利用されているのが、保険会社です。ほとんどの企業は保険会社とおつきあいしているので、最初に相談してみるのはよいと思います。どの保険会社も、各種サービスをラインナップしており、甲乙つけがたいところですが、私がよくおすすめするのはアクサ生命保険株式会社です。

その理由は主に3つあります。

(1) 健康経営アンケートの内容の充実度が高い

アクサ生命さんは健康経営優良法人制度の初年度からサポートを始めており、生命保険会社業界では草分け的存在です。しかも、会社の健康経営度を評価する健康経営アンケートの質が高いのです。内容を毎年バージョンアップしていることからも、その充実ぶりがうかがえます。

(2) 人生100年時代の人生設計を考えるセミナーを開催

健康経営アンケートで従業員のストレス要因の1位は仕事の悩みですが、2位はなんと経済的な不安——特に将来の生活資金についてなのです。

アクサ生命さんでは、「人生100年時代の健康観」と題して企業の従業員さん向けのセミナーを開催しており好評を博しています。

私もセミナーの一部を拝聴して非常に共感したのですが、まずはお金に関する漠然とした不安を払拭するよう、アドバイスがありました。その上で、未来に向けていかに自分を磨いていくか、ということや、精神の自立をいかにして実現し、それに基づいてどのように行動するか——長い人生を充実させるためには自分に問いかけ課題に向き合うことが大切だとする考え方は私の信念にも合致するものでした。

（3）従業員の福利に対する高い意識

そのようなアクサ生命さんの活動の根本は、会社の来歴をひもとくと見えてきます。同社の前身は、全国の商工会議所の会員企業が加入する共済制度の運用を本業とする保険会社でした。つまりは従業員の福利を中心にすえた会社であり、「健康経営が従業員の幸福につながる」という信念に基づいて活動されています。

私がアクサ生命さんとご縁をいただいたのは「全従業員の物心両面の幸福」を企業活動の目的とする理念の共有だと考えています。健康経営の目的はその理念に通じるものがあると考えています。

第3章

中小企業健康経営実践事例7社のケーススタディ

健康経営の導入をきっかけに、社長や健康づくりリーダーが健康改善に取り組もうと号令をかけても、スタート時点では、従業員のモチベーションが低く、なかなか協力が得られないというケースがよく見られます。

しかし、それもすべては工夫次第。効果を実感しやすい取り組みや、より手軽に始められる活動など、いろいろな施策を試していけば、その中で必ず想いは伝わり、自主的な活動が始まります。ではどういった施策があるのでしょうか。

本章では７社のケーススタディを通じて、私のお勧めを紹介したいと思います。

生産性34%アップ
脳疲労解消にはプチシエスタが最高

ある社会保険労務士事務所から「健康経営について相談がある」という連絡をもらい、私は大阪市内にあるオフィスを訪ねました。経営者である所長さんに話を聞くと、夜遅くまで仕事をして、晩御飯が遅くなり、しかも脂っこいものが大好きな社員がいるとのこと。

私は兄のことを思い出し、これは他人事ではないと真剣にお話をうかがいました。

「私自身は健康はまず食事から。食べるもんが身体をつくる。そう思っています。実家の近くに畑があって、基本的にそこで採れる野菜を食べています。味噌もポン酢も自家製。ちゃんとしたもん食べてたら少々忙しくなってても身体は大丈夫。自分自身の体験からそれは間違いないと思ってるんやけど、スタッフにはなかなか伝わらない……。今の時代、世の中の変化が速いからお客さんの要望もいろいろ出てくる。それに素早く対応するには身体も頭もフレッシュで元気やないと満足してもらえへんのに、そこがホンマにわかってるんやろか。」

経営者は社員のことを思って健康経営の導入を検討しているのに、肝心の社員側の反応が芳しくない、というのはよくある話です。しかも、食生活の改善というテーマはなかなかハードルが高いのが現実です。

こういったケースで大切なのは、まず手軽に始められる施策を選ぶことです。始めるまでのハードルを下げれば、「それくらいならやってみようかな」と思う人が出てくるからです。

次に大切なのは、確実に効果を実感できることです。どんなに手軽に始められても、効果が現れなければ「なんだ、健康経営なんてこんなものか」と思われておしまいです。ですから科学的にきちんと結果が保証されている施策を選ぶ必要があります。

そこで私が提案したのが、もっとも手軽に始められて、かつ、ほぼ確実に効果が実感できる「プチシエスタ」です。

プチシエスタとは15～20分程度の短時間の昼寝を意味します。「こんなに忙しいのに、昼寝なんて！」という声が聞こえてきそうですが、スポーツグッズ・メーカーのナイキは社内に防音室まで設けて昼寝を推奨していますし、グーグル本社は光と音をシャットアウトできる「エネルギー・ポッド」という昼寝装置を導入しています。日本でもＧＭＯインターネットグループが「ＧＭＯ　Ｓｉｅｓｔａ」という昼寝専用ルームを設置し

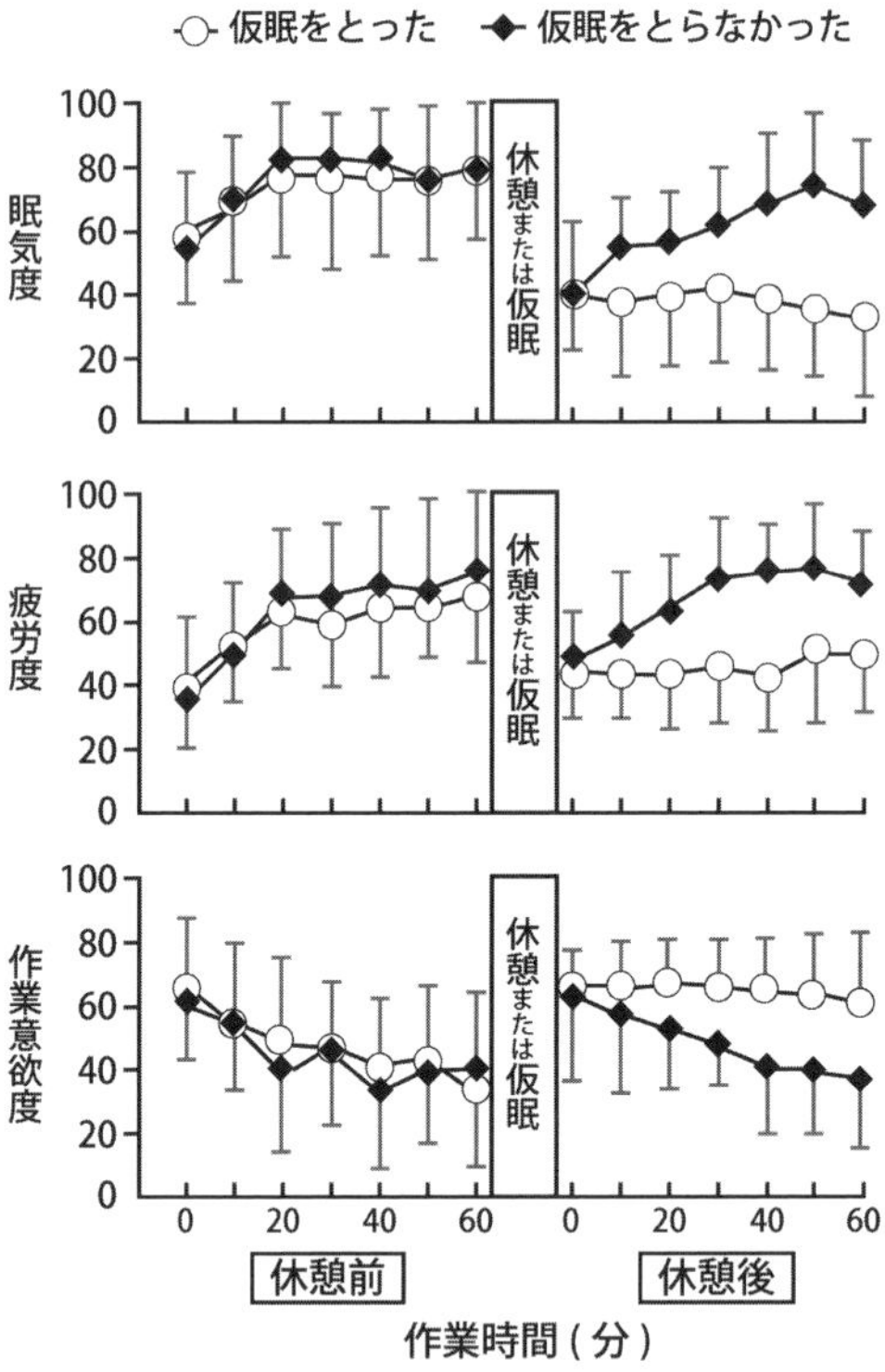

10人の若者に１時間のパソコン作業を行わせ、20分間の休憩を挟み、再び１時間の作業をさせた。

仮眠を取らずに休憩した場合は、休憩後の作業でも時間が経つにつれて眠気や疲労度が高まった。

これに対して、**休憩時間に仮眠を取ると、作業時間が経過しても眠気が起こりにくくなり、疲れを感じず、作業意欲が衰えないという結果となった。**

出典：広島大学総合科学研究科　林光緒教授
　　　Ergonomics. 2004 Nov; 47(14):1549-60

ています。

これらの大企業がプチシエスタを導入するのには、ちゃんとした根拠があります。誰もが体感したことがあるように、睡眠不足は脳のパフォーマンスを大きく低下させます。脳疲労は睡眠で回復しますが、十分に睡眠が取れていないと脳疲労が蓄積してしまうのです。第1章でも触れましたが、1日6時間しか眠らない日が2週間続くと、脳のパフォーマンスは2日徹夜したときと同じレベルにまで下がってしまうという研究結果があるほどです。

一方で、NASA（アメリカ航空宇宙局）が行った実験では、パイロットたちにコックピットで平均26分の仮眠を取らせたところ、認知能力が34%、注意力は54%も向上したという結果が出ています。

また昼寝には論理的に考える能力や記憶力、感情をコントロールする力などを回復させる効果や、血圧を下げる効果もあるとされています。昼寝は一石二鳥どころか三鳥、四鳥もの効果をもたらすのです。

とはいえ、たくさん昼寝をするほど健康に良いというわけでもありません。なぜならあまり長く眠ると身体が睡眠モードに入ってしまい、起きた後、仕事の効率が逆に落ちてしまうからです。実際アメリカの研究者であるクラウディオ・スタンピ博士が１９９０年に行った実験によれば、80分・50分・20分のうち、午後の眠気を改善する昼寝の時間として最適なのは20分だとされています。

こうしたプチシエスタの効果を一通り説明した後、私はあらためて所長さんに、プチシエスタの導入を勧めました。

所長さんは二つ返事で賛成してくれただけでなく、途中から同席していた社員さん達も「20分だけなら確保できると思います」と言ってくれました。

導入から１ヶ月後、同事務所を訪ねたところ、話を聞く前からプチシエスタの成果が出ていることがわかりました。出会う従業員さんたちの眼の力が違うのです。1ヶ月前に会ったときは、どこかしんどそうな感じで挨拶をしていた人が、元気そうに「プチシエスタはすごくいいですね！」と報告してくれたのが印象的でした。

プチシエスタは導入のしやすさと成果の出やすさという意味で、ほとんどの会社で導入することができます。ナイキやグーグルのように専用の部屋や機器を揃えられるならベストですが、コスト的にそれが難しくても、椅子のリクライニングを後ろに倒して眠ったり、机に突っ伏して寝たりと、いくらでもやりようはあります。

そのため「健康経営といっても何から始めればいいのかわからない」「従業員の協力を得るのが難しい」といった悩みを抱えているクライアントには、まずこの施策を提案しています。

ただし一点注意して欲しいのは「プチシエスタさえすれば夜の睡眠不

足は無視していい」というわけではない、ということです。なぜならプチシエスタは、睡眠不足を解消するにはあまりにも短すぎるからです。適切な睡眠時間は人それぞれですが、少なくとも「プチシエスタで睡眠時間を補おう」というのは間違った考え方です。

夜はしっかり眠ったうえで昼間の眠気がくるタイミングで仮眠をとる。これがプチシエスタの効果を最大限に引き出す正しい方法なのです。

ウォーキングラリー
ちょっとの工夫で施策は
グッと盛り上がる

ウォーキングの健康効果の高さは、様々な研究で明らかになっています。

- 自律神経のバランスを整え、ネガティブな感情を抑制できる。
- クリエイティブな発想が出やすくなる。
- 血糖値が低下する。

- 心臓疾患のリスクが低下する。
- 胃腸の動きが活性化する。
- ダイエット効果が期待できる。

ざっと挙げるだけでも、ウォーキングについてはこれだけの健康効果が立証されています。

ただしどんなに効果が高いと言っても、誰もがウォーキングを習慣化できるというわけではありません。実際ウォーキングを始めてみたものの、挫折してしまったという経験がある人も多いのではないでしょうか。ましてや健康経営の施策として、従業員みんなでウォーキングの習慣をつけるというのは、実はハードルが高い取り組みです。

しかし、ウォーキングを習慣化するための動機付けは、ちょっとした工夫をするだけで十分可能なのです。

ある建設資機材販売リースの会社では、従業員の運動不足が常態化していました。また、本社と各支社との間に連帯感が欠如していることが問題視されていました。これらの問題を解消するために社長が健康経営の導入を発案。そのサポートを私が担当することになりました。

健康経営の施策には、運動不足に効果のあるものがいくつかありますが、この会社の場合は社長自身が日頃から健康意識の高い人だったので、運動に取り組む施策が向いていると考え、ウォーキングを提案しました。

そこで課題になったのが、それでなくても義務感を抱きそうなメンバーが、どうやったら楽しく参加できるかという点でした。何かゲーム的な要素が必要だということで、この会社では、個人の歩数データで日本縦断を目指すというイベントを導入してみることになりました。

しかし、1年目は残念ながら失敗に終わりました。この日本縦断イベントには私も参加していたのですが、社長とゲスト参加した私の2人ば

◆◇◆月刊　めざせ日本縦断News２０１８年３月号◆◇◆

今期集計１年間が完了しました。かなりの歩数差が出ました。今まで歩く習慣、意識といったものが無かった方も多いと思います。目標は月間 8,000 歩ですが、個人個人で現状より少し多い月間目標を定めてみてはどうでしょうか？　来年こそは、達成感を社員全員で味わいましょう！！

➢ 歩数記録（1年間）

期間：2017 年 3 月～2018 年 2 月

距離	到達地	人員
0 km～	札幌	
252 km～	青森	
380 km～	盛岡	
539 km～	仙台	
703 km～	新潟	
872 km～	宇都宮	玉浦、石川、中山、加納、寺坂 E、李、藤原 H、瀬尾、恒次、井上 K、大羽、寺坂 N、赤田
970 km～	東京	三下、益岡、藤原 Y、会長、花田、竹内、河内
1,148 km～	長野	井上 Y、大下、新免、佐野、阿部、山本 M、藤本、大島
1,336 km～	静岡	團、吉田、川端、吉田 N、高須賀、丸井、藤原 S、森金、宮脇
1,471 km～	名古屋	山崎、ポール、河野、塚本、山本 N
1,535 km～	津	福島
1,627 km～	大阪	林
1,770 km～	岡山	大井、須鎗、平原
1,899 km～	高知	留岡
2,036 km～	広島	
2,131 km～	山口	
2,249 km～	福岡	難波
2,341 km～	熊本	稲山、吉原、高橋
2,479 km～	鹿児島	社長、笠間、稲山
3,140 km～	那覇	

➢ MVP（1年間）

累計最多歩数（暫定順位）	氏　名	距　離	歩　数
1 位	社長	2,550 km	364 万歩
2 位	笠間	2,482 km	354 万歩
3 位	稲山	2,476 km	353 万歩
4 位	吉原	2,386 km	340 万歩
5 位	高橋	2,378 km	339 万歩

➢ 2 月度 TOP5

今回最多	氏　名	距　離	歩　数
1 位	社長	324 km	46.3 万歩
2 位	高橋	267 km	38.1 万歩
3 位	難波	264 km	37.7 万歩
4 位	吉原	228 km	32.6 万歩
5 位	稲山	224 km	31.9 万歩

➢ 参考　1 月度 TOP5

前回最多	氏　名	距　離	歩　数
1 位	笠間	268 km	38.3 万歩
2 位	吉原	251 km	35.8 万歩
3 位	福嶋	240 km	34.2 万歩
4 位	稲山	238 km	34.0 万歩
5 位	難波	230 km	32.8 万歩

➢ 2月度　1 日最多歩数　TOP5

1 日最多歩数	氏　名	距　離	歩　数
1 位	井上	24.4 km	34,895 歩
2 位	社長	21.5 km	30,770 歩
3 位	吉原	18.5 km	26,459 歩
4 位	加納	18.4 km	26,251 歩
5 位	塚本	18.3 km	26,113 歩

１年目資料

かりが距離を稼いでしまい、他の従業員たちとの距離が大きく開いてしまったのです。従業員たちのなかでもかなりの距離を歩いている人はいましたが、頑張って歩く人とさぼりがちな人との差が大きく、会社全体での盛り上がりにはつながらなかったのです。

　このような事態になった場合は別の施策に切り替えるのがセオリーです。でなければ社内での健康経営のイメージが悪くなり、次の手が打ちにくくなるからです。

しかしこのケースは例外で、社長が「参加しないならそれはそれでかまわない。やる気のある人間だけでこの施策を盛り上げていきたい」と明言したため、2年目も続行することになりました。

すると、2年目以降になって少しずつ参加者が増え、会社全体の歩行距離が伸びてきたのです。その要因は「総歩数記録」以外にも様々な指標を設けたことでした。

- 1日最多歩数ランキング
- 1ヶ月最多歩数ランキング
- 1日あたり平均歩数増加ランキング（昨年比）

総歩数だけでは、一度差がついてしまうと、巻き返しが難しくなります。距離に換算して10㎞や20㎞程度なら巻き返せますが、100㎞や

◆◇◆月刊　めざせ日本縦断News２０１９年７月号◆◇◆

健康経営も３年目をむかえ、歩く習慣ができてきたと思います。
目標は１日8,000歩ですが、個人個人でさらに高い目標を定めてみてはどうでしょうか？
１年後には、達成感を社員全員で味わいましょう！！

➢　歩数記録（4月間）

期間:2019年3月～2019年6月

距離	到達地	人員
0 km～	札幌	恒次
252 km～	青森	木村、光友、瀬尾、藤原H、井上、加納
380 km～	盛岡	稲山、井上Y、團、花田、大羽、大下、寺坂E、ポール、中山、松山、河内、竹内、佐野
539 km～	仙台	李、藤原Y、須鐘、福島、丸井、藤本、吉田T、林、藤原S、阿部、新免、三下、石川、菊井、川端、玉浦
703 km～	新潟	塚本、大井、髙橋、吉原、留岡、大島、宮脇、河野、平原、吉田N、高須賀
872 km～	宇都宮	社長、井上、難波、昆野
970 km～	東京	山本M、山﨑、笠間、赤田
1,148 km～	長野	
1,336 km～	静岡	
1,471 km～	名古屋	
1,535 km～	津	
1,627 km～	大阪	
1,770 km～	岡山	
1,899 km～	高知	
2,036 km～	広島	
2,131 km～	山口	
2,249 km～	福岡	
2,341 km～	熊本	
2,479 km～	鹿児島	
3,140 km～	那覇	

➢　総合順位（暫定）

累計最多歩数（確定順位）	氏　名	歩　数	距　離
1 位	山本M	1,570,461 歩	1,099 km
2 位	山﨑	1,422,715 歩	996 km
3 位	笠間	1,394,423 歩	976 km

➢　月間順位

今回最多	氏　名	歩　数	距　離
1 位	大島	416,640 歩	292 km
2 位	社長	405,764 歩	284km
3 位	山本M	386,777 歩	271km

➢　１日最多歩数

今回最多	氏　名	歩　数	距　離
1 位	吉田T	35,263 歩	24.7km
2 位	瀬尾	32,334 歩	22.6km
3 位	社長	32,042 歩	22.4km

➢　１日当り平均歩数が伸びた人（昨年の個人別比較）

今回最多	氏　名	1日平均 3/1～現在まで	
		昨年比	今年の平均
1 位	井上K	＋3,655 歩	10,958 歩
2 位	大島	＋3,461 歩	9,737 歩
3 位	宮脇	＋1,840 歩	7,549 歩
4 位	福嶋	＋1,525 歩	8,469 歩
5 位	山本M	＋1,477 歩	12,873 歩
6 位	李	＋1,412 歩	8,067 歩
7 位	三下	＋1,354 歩	6,896 歩
8 位	吉田T	＋1,161 歩	7,311 歩

３年目資料

200kmになると、競う気が失せてしまいます。しかし「1日最多歩数ランキング」なら1日頑張れば上位にランクインできますし、「1日あたり平均歩数増加ランキング」なら昨年頑張れなかった人ほど有利になります。取り組みに対する評価方法を増やした結果、イベント全体が盛り上がり、ウォーキングイベントを通じた従業員間のコミュニケーションが発生し始めました。

　たとえば1年目は積極的に参加していなかった男性の中堅従

業員が、2年目に距離を伸ばして「1ヶ月最多歩数ランキング」に載ると、若い女性従業員などが「〇〇さん、頑張ってるじゃないですか」と声をかけたり、ほめてくれたりします。ほめられた従業員はモチベーションが上がるので、「もうちょっと頑張ってみようかな」と、ますます積極的に歩くようになります。

運動不足とは別の課題だった本社と各支社の連帯感不足も、支社対抗で歩数を競ったり、その結果をネタにコミュニケーションをとったりしていくうちに、徐々に解消されていきました。

ウォーキングラリーは効果が高い反面、動機付けの難しい施策でもあります。しかし工夫次第で組織に浸透させることは十分可能です。確かに根気は必要ですが、その価値は十分あると言えるでしょう。

最近ではスマホのアプリを利用したウォーキングプログラムも盛んになってきています。

例えば、NTTドコモが運営するdヘルスケアの「社内ウォーキングイベントサポートパック」はなかなかの優れものです。このサービスはスマホを通じて計測した歩数データをもとに、アプリ上でのウォーキングイベントの企画・開催・運用・結果集計までをトータルでサポートしてくれるというものです。

ただ歩くだけではつまらないウォーキングも、「ラリー」に似た競争や具体的な目標があればモチベーションを維持しやすくなります。しかし実際に何処かに出かけたり、歩数計を準備したりするとなるとコストもかかりますし、結果を集計するのにも手間がかかります。「社内ウォーキングイベントサポートパック」のようなサービスは、そうした問題を解決してくれるものです。

部活動で理解を深め、連帯感を高める

学生時代の部活動仲間というのは不思議な存在です。卒業後に別々の道を歩んでいても、数年おきに顔を合わせてお酒を飲むと、近況報告や昔話に花が咲きます。それはきっと、部活動のなかでお互いの理解を深め合い、強く結びついたからだと思います。

もし部活動仲間のような絆を社内で築けたなら、健康経営への大きな一歩になるでしょう。実際、健康経営で部活動を施策として導入した企業では、従業員同士のコミュニケーション促進や個人の精神的な健康管理に大いに役立っていますし、体育会系の部活動がある企業では肉体的な健康管理にも効果を発揮しています。

あるブラシメーカーでは、社内でいくつかの部活動を立ち上げ、その際の費用を会社が負担する形で活動を奨励しています。同社には以下のような部活動があります。

●ジョギング部

走るのが大好きなメンバーが集まり、近くの公園などで練習を積んでいます。より多くの社員が楽しく、健康的に走れることを目標にしていますが、毎年開催されている駅伝形式のマラソン大会が日ごろの成果を発表する舞台になっ

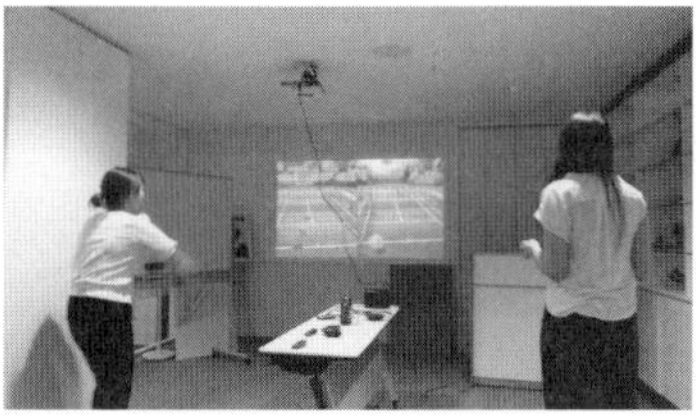

ており、毎年参加者も増えています。走った後の懇親会がまた盛り上がります。

●臨床美術部

「臨床美術」はクリニカルアートとも呼ばれ、絵を描いたりオブジェを作ったりといった創作活動を通じて、心の健康を回復させるものです。同社の部活動でも自分ならではの作品を作って鑑賞会を開き、仲間の作品の良いところを認め合うなかで心を癒やすとともに、社員間のコミュニケーションを深めています。

●バーチャルスポーツ部

運動習慣のないメンバー向けに、まずは身体を動かすことから始めましょうということで、会社の会議室でニンテンドースイッチを大きなスクリーンに映して、テニスや卓球、ビーチフラッグなど、体を動かすｅスポーツをエンジョイ。たくさん体を動かし、たくさん笑い、良いストレス発散になります。

・ヨガ部

ヨガや瞑想は脳疲労の解消や精神の状態を整える効果があるため、健康経営にはぴったりです。

このブラシメーカーでは、従業員の自主性を重んじて部活の内容を決めているので、皆さん自然体で活動を楽しんでいます。

ここからは他社の部活の紹介を致します。

●野球部／ソフトボール部

学生時代に体育会系で活躍した人だけでなく、「つい誘われて来ちゃいました」という初心者も参加ＯＫ。最初は遊び半分で始めても、ついつい真剣になるのが、野球やソフトボールの魅力です。先輩が指導をかって出て人間関係を築いています。

●神社仏閣めぐり部

おとなしめの女子と普段はあまりしゃべる機会がない中年男子従業員が不思議と集う神社仏閣めぐり部。最近はやりのパワースポットやお庭を見て心安らかな時間を持つところが、ストレス社会には人気のようです。

このほかにもバドミントン部やカラオケ部、スポーツ応援部など手を挙げる人がいれば、それがそのまま部活動になります。

「部活動なんて面倒がる従業員が多いのでは？」と思う人もいるかもしれませんが、大会への参加費や会場のレンタル料、材料費や交通費などを会社が負担してくれるとなると、意外と多くの従業員が参加してくれるものです。自分がやりたいと思う部活動に入るのですからなおさらです。

社内のコミュニケーションがうまくいかない原因の一つは、「お互いに対する認識の不足」にあります。会社での顔しか知らず、プライベートの顔を全く知らない人のことを信頼したり、情を持って接したりすることはなかなかできません。

ところが、部活動をすると、仕事をしているときとは別の面、つまりその人の素の表情が出てきます。

「課長ってマラソンで3時間切るらしいよ」
「部長っていつも難しい顔してるけど、笑うと優しい顔するんだな」
「新卒の彼、普段は頼りないけど野球になるといい顔してるな」

そうやって相手に対する理解を深めたり、素の自分を受け入れてもらったりする機会が増えれば、おのずと連帯感が高まっていきます。仕事以外のつきあいで築いた連帯感は必ず仕事にも役立ちます。仕事でも、互いを支え合う人間関係ができていくのです。

一昔前は仕事以外でのコミュニケーションと言えば「飲みニケーション」でした。今もコミュニケーション促進を目的に飲み会の費用を負担する会社もありますが、単なる飲み会ではどうしても仕事中の上下関係を引きずりますし、頻繁に行えば身体にも良くありません。

一方、部活動なら心身の健康も保たれ、仕事中とは違うコミュニケーションも生まれます。もし会社が費用を負担するのであれば、飲み会よりも部活動に出したほうが賢明といえます。

なお、部活動のラインナップは定期的な整理が必要です。盛り上がっていない部活動を放置すると、健康経営全体へのモチベーションを下げてしまう可能性があるからです。目安としては部員が3人以上なら継続、2人以下になると廃部です。というのも、2人以下では「コミュニティ」が構成できず、発展性がなかなか見込めないからです。三人寄れば文殊の知恵。これは部活でも当てはまります。

ブルーベリー酢で家族円満、しょうが蜜で冬対策

たしかにプチシエスタは手軽に始められて、かつ成果も期待できる施策です。しかし外回り営業や配達業務が多いような会社の場合は、従業員みんなで昼寝の時間をとるのが難しいため、導入が難しいという側面もあります。そのような場合には、手軽に食べたり飲んだりできる健康食品を、会社が補助を出すなどして従業員に安く提供するという方法もあります。

ある材木卸の会社では、従業員10人ほどのうち7人が常時営業や配達などで社外にいるという状況でした。これではプチシエスタを施策として取り入れるのは難しいということで、弊社が取り扱っている「贅沢ブルーベリー酢」を提案することになりました。

お酢には多くの健康効果があることで知られています。

●胃酸の分泌を促したり、胃腸を刺激したりして胃腸の動きを活発にする。
●腸内の善玉菌を増やして、腸内環境を改善する。
●毎日摂取することで、高血圧の人の血圧を引き下げ、高めの血中脂質を低下させ、内臓脂肪を減らす。

このほかにも疲労回復や冷え性改善などの効果も報告されています。

しかしお酢の問題は、そのままでは飲みにくいことです。というのも一般的なお酢は機械によるアルコール発酵を利用して、たった2日で作

健康経営優良法人　認定基準

食生活の改善の取り組み　対応

健康アップ　コンシェルジュ　セット

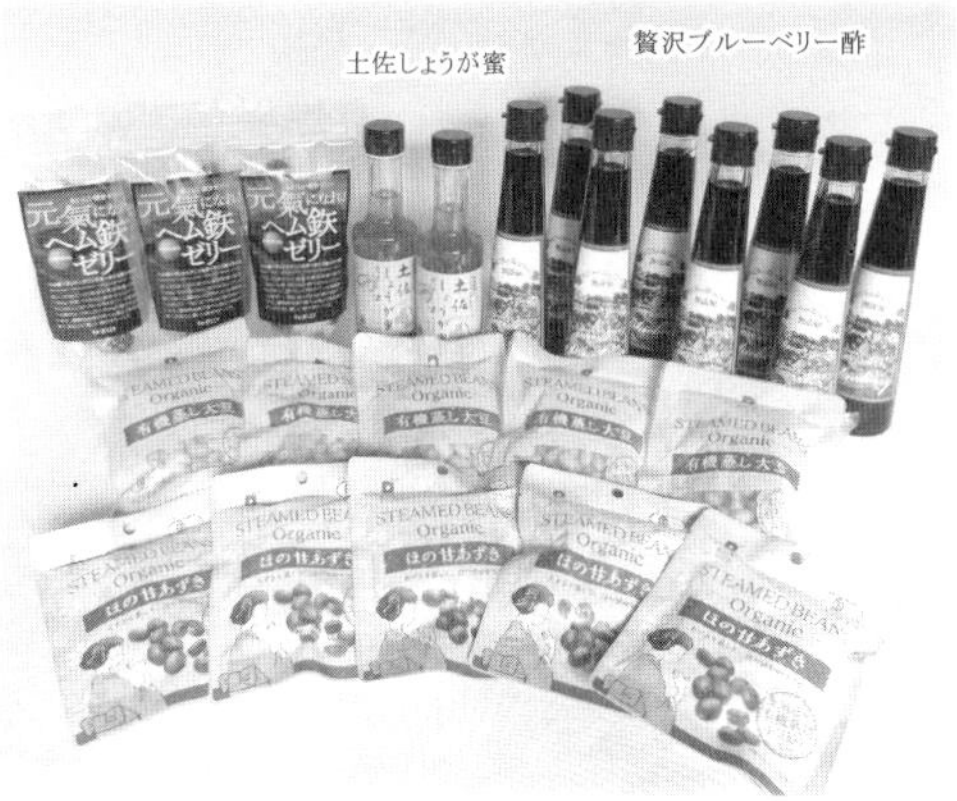

られるため、どうしても酢酸特有の酸味が強くなります。これでは毎日飲み続けるのは難しくなってしまいます。

一方、贅沢ブルーベリー酢は「長期醸造製法」と呼ばれる方法で作られており、完成するまでに30日もかかります。そのぶんゆっくり果汁を発酵させていくので酸味が少なく、原液のままでも美味しく飲めるお酢になっているのです。

またブルーベリーに含まれるアントシアニンには、眼を酷使することによって不足するロドプシンという物質を補う効果があります。贅沢ブルーベリー酢に使用されているビルベリーは、通常のブルーベリーの2倍以上のアントシアニンが含まれているので、より高い健康効果が期待できます。

実際、同社に導入してから3ヶ月ほどすると、従業員さんたちから「身体の調子が良くなった」という報告が少しずつ上がるようになっていきました。

また、従業員の奥さんからも次のような喜びの声が上がるようになったのです。

「うちの主人は食べるものに無頓着で、健康なんて、というタイプだったんですけど、このブルーベリー酢は毎朝ヨーグルトに入れて頂いていています。おかげさまで健康の話題も食卓で話せるようになりました」

導入企業　従業員様のお声

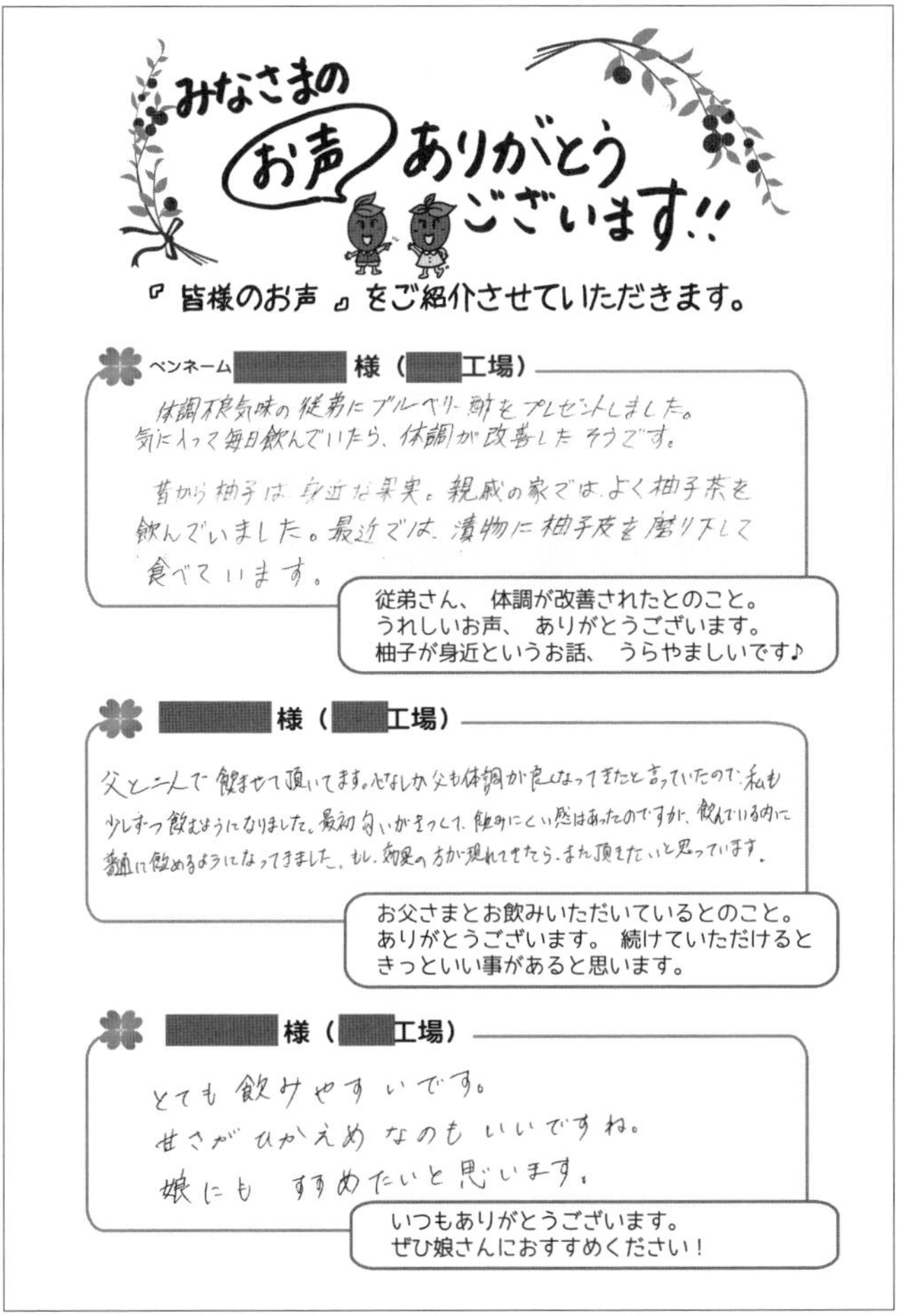

みなさまのお声ありがとうございます!!

『皆様のお声』をご紹介させていただきます。

ペンネーム[redacted]様（[redacted]工場）

体調不良気味の従弟にブルーベリー酢をプレゼントしました。
気に入って毎日飲んでいたら、体調が改善したそうです。

昔から柚子は、身近な果実。親戚の家では、よく柚子茶を飲んでいました。最近では、漬物に柚子皮を磨り下して食べています。

従弟さん、体調が改善されたとのこと。
うれしいお声、ありがとうございます。
柚子が身近というお話、うらやましいです♪

[redacted]様（[redacted]工場）

父と二人で飲ませて頂いてます。心なしか父も体調が良くなってきたと言っていたので、私も少しずつ飲むようになりました。最初匂いがきつくて、飲みにくい感はあったのですが、飲んでいる内に普通に飲めるようになってきました。もし、効果の方が現れてきたら、また頂きたいと思っています。

お父さまとお飲みいただいているとのこと。
ありがとうございます。続けていただけるときっといい事があると思います。

[redacted]様（[redacted]工場）

とても飲みやすいです。
甘さがひかえめなのもいいですね。
娘にもすすめたいと思います。

いつもありがとうございます。
ぜひ娘さんにおすすめください！

効果を実感した社長から、「同じように、健康効果を実感できる商品はありませんか」と相談があったので、私自身も冬の寒い時期に重宝している「土佐しょうが蜜」を提案しました。

しょうがを加熱すると、生のしょうがに含まれている「ジンゲロール」という成分が、「ショウガオール」という成分に変化します。しょうがで身体が温まるのは、このショウガオールのおかげです。というのもこの成分が胃腸の壁を直接刺激して、身体の芯から血行を良くしてくれるのです。その結果、熱を加えたしょうがを食べると、身体の芯からポカポカと温かくなってくるわけです。

土佐しょうが蜜は高知県産しょうがに国産はちみつを加えて作られています。男性はもちろん、特に女性に効果があるので、導入後に社長から「冬になると『寒い寒い』と不機嫌になる女性たちの文句が、今年はずいぶんマシになった」という喜びの声をいただきました。

「贅沢ブルーベリー酢」や「土佐しょうが蜜」といった健康食品の最大のメリットは、クライアント様の従業員だけでなく、その家族にも健康について考えるきっかけを与えることです。

健康経営は職場における取り組みですが、働く人の健康にもっとも大きく影響するのは食事をはじめとする家庭内での健康管理です。したがって、従業員だけでなく家族までが健康を強く意識するようになれば、健康経営の効果は飛躍的に向上します。

手軽にとれる健康食品は従業員の家族に健康を意識させるきっかけになりやすいのです。従業員が健康食品を家に持ち帰る。それを受け取った家族が健康食品を通じて健康を意識するようになる。すると家で出される食事が健康的になる。その結果として従業員の健康が保たれる、というわけです。

また、家族みんなの健康状態が改善されれば、家の中の雰囲気はおのずと良くなります。家族の状態は必ず仕事に影響が出ますから、職場でのパフォーマンスアップにもつながります。会社が健康食品を提供することには、そんな好循環を作り出す働きもあるのです。

水はいのちの素、手軽に始められる健康経営

人間の身体は50～70％が水でできています。一日の必要水分量は1リットル～2・5リットル。そのため仮に水を一滴も摂取せずにいると、人間はたった4～5日でいのちを失ってしまいます。私たちにとって水はいのちの素なのです。

ですから、健康を意識するきっかけとして、「飲む水を変える」のも有効な施策の一つです。

弊社では株式会社日本トリムと提携して、クライアントに「電解水素水サーバー」の導入も提案しています。水素水には大きく2つの効果があるとされており、そのうちの一つが「抗酸化作用」です。

人間は呼吸をするたびに酸素を体内に取り込んでいますが、このうちの2％は「活性酸素」と呼ばれる物質に変化します。この物質は老化やがん、生活習慣病を引き起こすことで知られており、年齢を重ねて身体の抗酸化能力が低下してくると、身体に害を与えるようになります。水素水が持つ抗酸化作用は、この低下した抗酸化能力を補うことで、血管の老化防止などに役立つとされています。

水素水のもう一つの効果は、胃腸症状の改善です。特に腸は「第二の脳」と言われる臓器で、働きが良くなると免疫力の向上やストレスの予防、動脈硬化や骨粗しょう症を予防するビタミンKの生成などが適切に行われ、心身ともに健康になります。

電解水素水サーバーを設置することで、水を意識的に飲むようになる

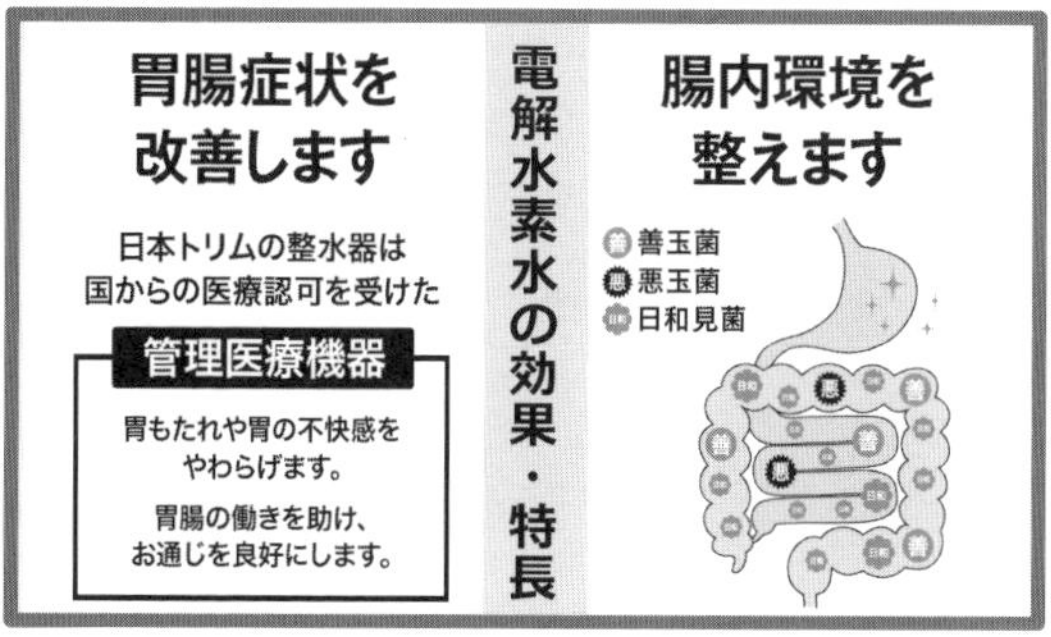

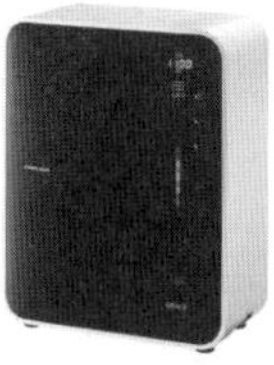

電解水素水整水器
TRIM ION GRACE

ので、水分不足が原因で起きる諸症状の予防にも役立ちます。

兵庫県内でトヨタ製自動車の販売を行う兵庫トヨタ自動車は健康経営を導入している大規模法人の一つで、その一環として日本トリムのサーバーを全社的に導入。販売店をはじめとする36カ所の全拠点の休憩スペースに設置しています。

同社では導入直後から従業員たちの間で水素水が人気を博し、従業員が自宅にサーバーを導入する場合には本体料金の1割を会社が補助するという仕組みまで設けています。また当初は水素水にネガティブなイメージを持っていた従業員も、同僚が飲んでいるのを見たり、日本トリムが職場で実施する講習会に参加したりするなかで健康意識に目覚め、むしろ誰よりも熱心に水素水を飲むようになっていったそうです。

当たり前に毎日飲む水を水素水に変えると、それだけで水を飲むたびに健康を意識するようになります。するとそれがきっかけになって、運動や食事改善にも意識を向けるようになるものです。

どんなに「運動をしろ」と言われても、どんなに「食生活を改めろ」と言われても、結局は本人がやる気にならなければ健康にはなれません。健康経営を実現するためには、従業員の意識から変える必要があります。電解水素水サーバーの導入は、そのきっかけづくりにもなる施策なのです。

日本トリム電解水素水サーバー 設置先様

NIHON TRIM CO.,LTD.

大阪公益財団法人
田附興風会　医学研究所
北野病院　様

職員の皆さんの飲料水にバックヤードに
整水器５台

大阪府済生会
中津病院　様

２階受付の反対側の喫茶コーナー
このセットで置いています。
コーヒーがおいしいと評判
総合受付反対側　喫茶の水は全て水素水
別館のレストランの飲料水に水素水を使用

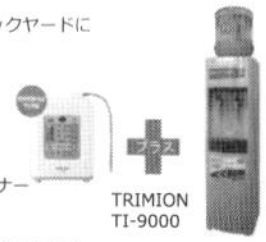

TRIMION
TI-9000

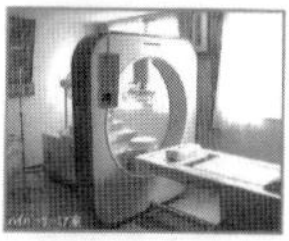

誠仁会　協和病院　様
兵庫県神戸市西区押部谷町栄191-1
電話番号TEL 078(994)1202　　病床数99床
ハイパーサーミアの治療で水分補給に水素水利用
病院内に**１２台**の整水器を設置しており
入院患者や職員がいつでも飲めるように
入院食も電解水素水で全て調理

阪和住吉総合病院　様
大阪府大阪市住吉区南住吉3-2-9
病院種類一般病院特徴・専門総合病院
医療法人　錦秀会　病床数　１１５
待合室には、サーバーに入れて置いています
職員食堂で飲めるようになっています。

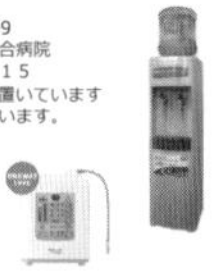

行岡病院　様
大阪市北区浮田
医局に設置
皆さんが休憩中に飲めるように
福利厚生目的

大阪府済生会富田林病院　様
来院者、入院者が自由に飲める設定
ウオーターサーバーと
トリムイオンTI-9000のセットで
水飲みコーナーを造られています。

水戸中央病院　様
電解水透析も使用
施設に整水器使用

TRIMION
TI-5HX

社会医療法人
黎明会　北出病院　様
和歌山県御坊市湯川町財部728-4
電話・FAXTEL:0738-22-2188
病床数・総病床数182床
職員休憩室に設置

さえきじんクリニック　様
病院内に６台設置　　入院患者にも
外来患者にも電解水素水を自由に
飲める環境に。近所の人集める
イベントで水素水の勉強会も開催

水素水サーバー設置例

透析病院　クリニック34カ所
産婦人科クリニック
歯科・クリニック　約500カ所
自家用導入多数

3K（きつい、危険、帰れない）と呼ばれる産業でも健康経営は実現できる

厚生労働省が公表している「平成29年定期健康診断実施結果（業種別）」によれば、土石採取業や旅客運送業、土木工事業、貨物運送業など、3K産業と呼ばれることが多い産業においては、定期健康診断で問題が見つかる確率（有所見率）が全業種平均の54・1%を軒並み上回っています。

私がコンサルティングを担当しているある物流会社も、健康経営導入前は喫煙率が非常に高く、80％を超えており、将来に健康問題を抱えるリスクが高い状況でした。

特に、運送業界は近年、他の業界と比べても人手不足が深刻で、運転手の人材確保にはほとんどの会社が苦慮しています。それに加えて高齢化も進んでおり、多くの運送会社が、運転手が1人欠けただけで仕事が回らなくなるというリスクを抱えているのです。

この物流会社も人手不足で厳しい状況で営業していましたが、従業員はどこ吹く風で、健康に対する意識が希薄で、運転や業務のストレスか、タバコをよく吸います。しかも一度トラックで会社を出てしまえば目が届かないので、社長から「タバコを吸うな」と注意することもできません。

「このままでは、近いうちにたいへんなことになる」

危機感を抱いた社長から、私のところに相談がきたのです。

真っ先に提案したのは「禁煙キャンペーン」の開催でした。なぜならタバコはまさに百害あって一利なしだからです。日本国内の喫煙による死者は毎年12～13万人にも上り、喫煙者ががんで亡くなる危険性は、喉頭がんで非喫煙者の5・5倍、肺ガンで4・8倍とされているほか、脳卒中や心筋梗塞の大きな原因になっているとも言われています。

とはいえヘビースモーカー揃いの従業員たちがいきなり禁煙に協力してくれるはずもなく、大半の人が興味を示してくれませんでした。しかし社長が根気よく禁煙の大切さを説き続けていると、あるとき一人のベテラン運転手が、「俺、禁煙してみます。」と宣言したのです。彼は健康診断で問題が見つかったことと、つい最近車を買い換えて節約が必要だったこと、それに加えて禁煙に成功すれば会社から祝い金が出ることも影響したようです。

「どうせすぐ挫折するだろう」という仲間の予想を裏切って彼の禁煙は

【　コース説明　】　各コースで下記のサポートアイテムと報奨金を提供します。

コース名	サポートアイテム	報　奨　金
■ 節煙コース	ニコチンガム 禁煙パイポ	３ヶ月連続成功で報奨金
■ 禁煙 自分コース	ニコチンガム 電子タバコ EMILE	３ヶ月連続成功で報奨金
■ 禁煙 ドクターコース	診療費 全額会社負担	３ヶ月連続成功で報奨金

ニコチンガム　ニコレット

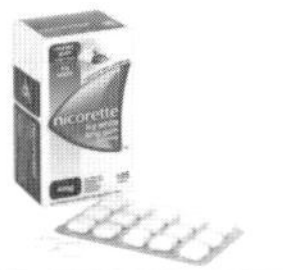

電子タバコ　EMILE

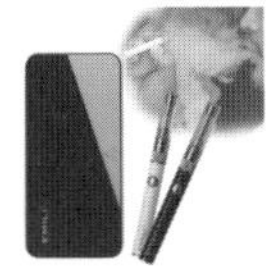

禁煙ドクターコース

【　進め方　】
1）下記の申込み欄にお名前とコースを記入して、総務部○○さんに提出。
2）サポートアイテムを選んで、プログラム　スタート！
3）報告会で進捗状況を仲間同士が共有し、、お互い励まし合ってチャレンジします。
一人だけだと、ついつい誘惑に負けそうですが、仲間がいれば、「あいつも頑張っとるから。。」お互いがよい刺激なってチャレンジを続けられます。

タバコをやめても頭はスッキリ、もちろん身体は軽やか。
会社と仲間のサポートがあるから、きっとできる！大丈夫。

順調に続きました。すると目標である3ヶ月が見えてきた頃、周りにも少しずつ変化が現れ始め、1人、また1人と禁煙を始める従業員が増えてきたのです。

「○○さんができるなら、自分もできるんじゃないか」と考える従業員が次々に現れたのです。

同社では現在も少しずつですが、禁煙に成功する従業員が増えています。

業務が非常に過酷な業界や、不健康な生活習慣に陥りやすい業界では、健康経営の施策を浸透させるのはそう簡単ではありません。しかし、制度を整えて根気よく伝え続ければ、「やってみようかな」と考える人がそのうちに現れます。誰か1人が取り組み始めれば、たとえ3K産業と呼ばれるような会社であっても、健康経営は少しずつ浸透していくのです。

株式会社カサマ
実践事例と健康づくり活動事例集

この章の最後に、ささやかながら弊社の健康づくりの事例と、全国の中小企業で実施している取り組みの事例を紹介したいと思います。意外とシンプルな取り組みでも効果が期待できることを実感していただければ倖いです。

■ 株式会社カサマ　会社概要 ■

業　　種 —— 健康経営コンサルティング
健康食品通信販売
ＤＭや販売促進のサポート業務
従業員数 —— 35名

健康経営に取り組んだきっかけ

- 売上激減という会社存亡の危機の中で、経営者自身が鬱状態に陥った後に体調を崩し、健康の大切さを身に沁みて自覚した。
- 自身の感情をうまくコントロールできない従業員の悩みを聞くことが多かったことから、心と身体の仕組みに対する知識を従業員とともども学ぶことで、職場の人間関係や雰囲気を改善したかった。

実践事例①

社内健康通信　カサマHealth　発行。全従業員に配布

健康経営優良法人　認定項目　⑤ヘルスリテラシー教育機会の設定

季節に合わせた健康テーマや、今はやりの健康トピックスを取り上げてわかりやすく解説し、実践しやすい解決法を提示しているので、従業員からは好評を得ています。弊社向けだけでなく、コンサルティング先の企業向けにも情報提供しているので、ご興味のある方は弊社宛にお問い合わせください。

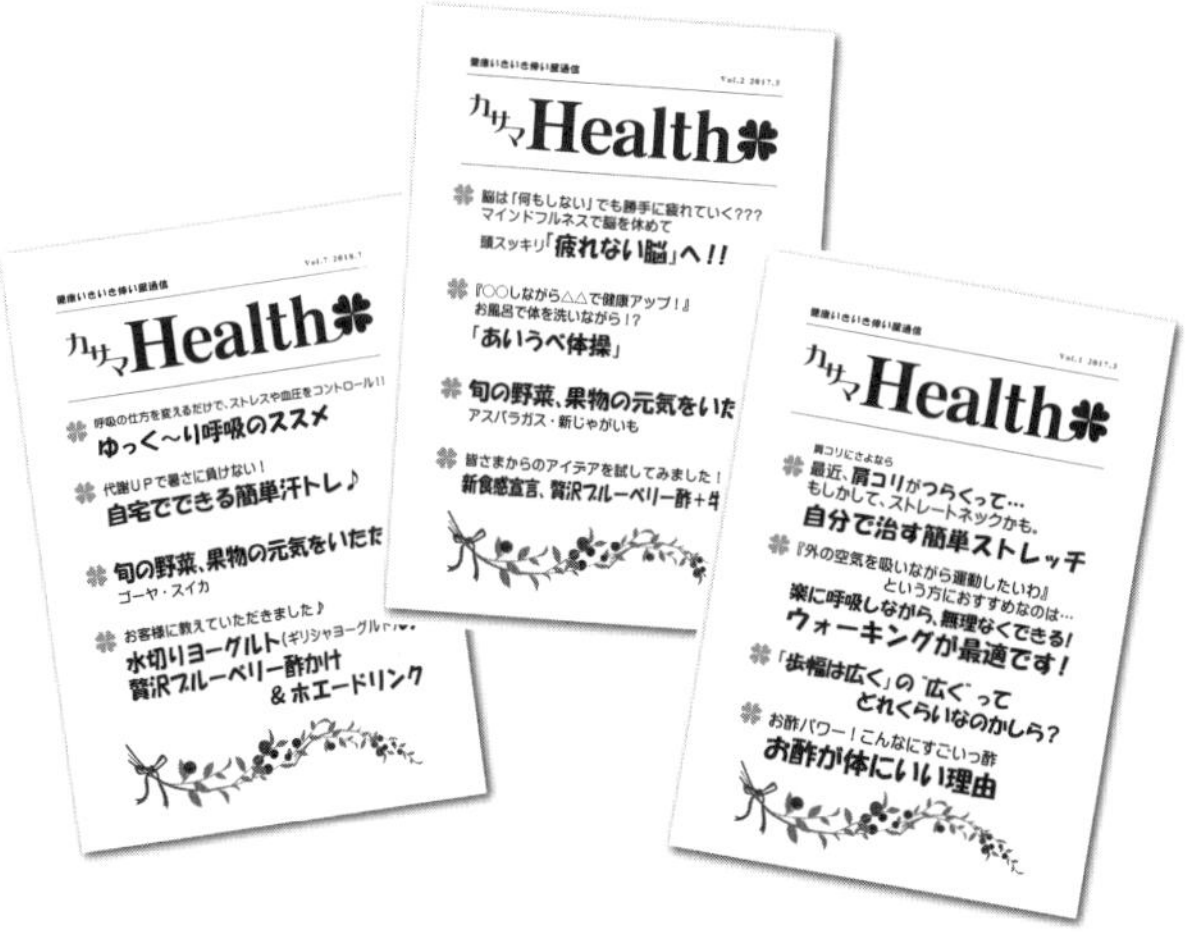

実践事例②

就業時間中の簡単ストレッチ

健康経営優良法人　認定項目　⑪　運動機会の増進に向けた取り組み

手先や上半身を使う作業が多いＤＭ・販促サポート部門の従業員を中心に、午後３時を目途にストレッチを行っています。先程記載した「カサマ　Ｈｅａｌｔｈ」の情報を編集して、活用しています。

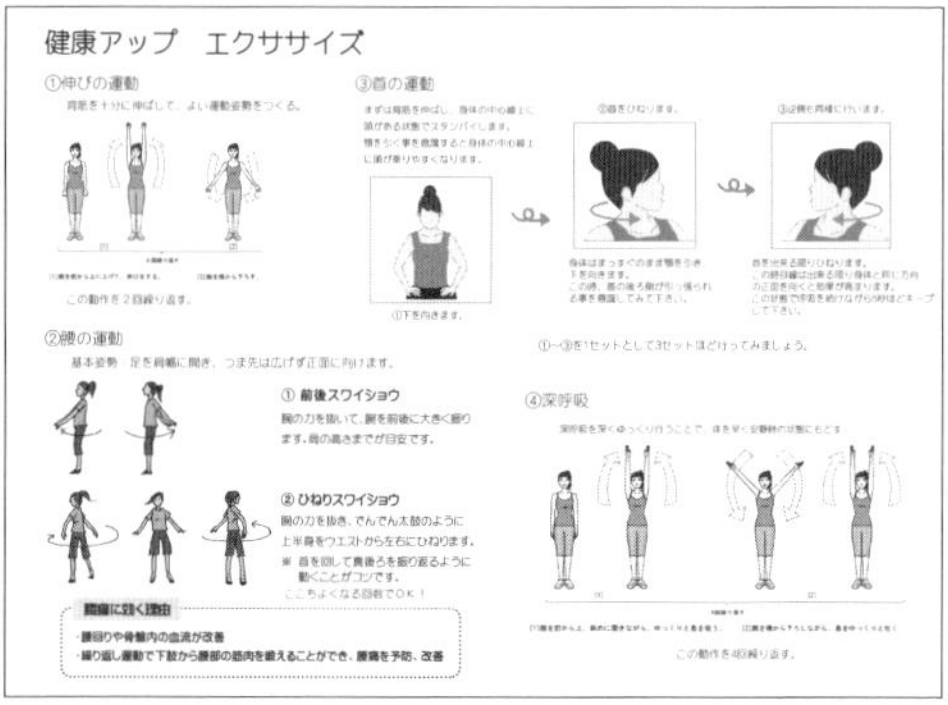

実践事例③

健康食品「贅沢ブルーベリー酢」のサンプルを無償提供、割引価格で社内購入できる

健康経営優良法人　認定項目　⑩　食生活改善に向けた取り組み

眼の疲れ、肩コリ、便秘、冷え性等、身体のめぐりに問題を抱えるスタッフから好評を博しています。自社製品なので、会社の存在意義も実感してもらえます。

■全国の中小企業で取り組まれている健康づくり活動事例集■

健康課題の把握

●定期健診受診率１００％

- 会社の業務命令として健診の日程を（業務時間中に）決定し、受診する（医療機関の巡回健診を利用等）。
- 上司と部下が相談の上、各自の受診日程を決定し、受診する。

●受診推奨の取り組み

- メールや社内通達等による全従業員への受診推奨
- 会社が費用補助
- 就業規則などで受診を義務化
- 定期健康診断の再診に要する時間の出勤認定や特別休暇認定

●疾病予防・早期発見

- がん検診受診を推奨（費用を会社が負担）

ヘルスリテラシーの向上

●管理者または一般社員に対する教育機会の設定（研修の実施または参加）

- 禁煙セミナー、元気な職場を作るメンタルヘルスケア勉強会

・外部企業における「健康経営」の取り組み事例の講演会に参加
・管理栄養士による食生活改善講座の実施
・感染症予防に関するセミナーの実施

●管理者または一般社員に対する教育機会の設定（情報提供）

・朝礼で「健康づくり」をテーマとした情報提供の実施
・健康通信（A４判）を毎月１回、給与袋に封入する方法にて配布
・毎月「ヘルス新聞」という健康情報新聞を発行
・回覧による健康課題の周知（感染症周知など）

ワーク・ライフ・バランスの推進

●適切な働き方実現に向けた取り組み（時間外労働対策）

・ノー残業デー（定時消灯・退社）の設定
・各部署にて残業時間の管理及び時間外の多い社員に対し、業務量のコントロールを実施

・残業の事前申請制度の導入
・時間外労働時間の削減を管理者又は一般従業員の評価項目に設定

●適切な働き方実現に向けた取り組み（休暇日の設定）
・年次有給休暇取得率又は取得日数の目標設定
・業務閑散に対応した休業日の設定

●適切な働き方実現に向けた取り組み（労働時間の設定）
・フレックスタイム制度の導入

職場の活性化

●コミュニケーションの促進に向けた取り組み
・挨拶運動（笑顔で元気よく挨拶するなど）
・部下が気になることを上司に相談できる環境や雰囲気を作る（上司が部下に対して、毎日、声がけを行うなど）
・「いつもと違う」と感じた部下の話を聞く（状況に応じて産業医のと

ころへ行かせる）

・執務室におけるフリーアドレス（固定席の廃止）の導入
・社内旅行、社内運動会
・食事会、バーベキュー大会等の開催
・従業員が健康づくりに関して話し合う場の設定（〝病気の早期発見の体験談〟が共有できる場を設ける、朝礼で〝私の健康法〟などの1分間スピーチを取り入れるなど）

職場の環境整備

●健康測定機器等の設置

・体温計、血圧計、体重計等を設置して、異常の早期発見につなげる

保健指導

●保健指導の実施

・産業医、保健師等による保健指導の実施

●特定保健指導実施機会の提供に関する取り組み

・特定保健指導実施時間の出勤認定、又は特別休暇認定
・保険者による特別保健指導の実施支援（実施場所の提供等）

健康増進・生活習慣病予防対策

●食生活の改善に向けた取り組み

・健康に配慮した仕出し弁当の利用促進
・社員食堂における健康メニューの提供
・外部機関のサポートを受けた食生活改善プログラムの実施
・自動販売機の飲料の内容を低糖・低カロリーのものに変更
・社員食堂における栄養素やカロリー情報の表示
・管理栄養士による家庭・勤務時での食生活の相談を実施（定期的に実施）

- 食生活における各個人別目標の設定（面談時に随時確認）
- 「健康レシピ」の提供（毎月など）
- 朝食をとらない従業員への朝食の提供
- 従業員への野菜の現物支給（定期的）

●運動機会の増進に向けた取り組み

- フィットネス利用料金の会社負担
- 社内のスポーツ大会の開催
- 外部団体のスポーツ大会参加
- 日々（朝礼時など）のラジオ体操やストレッチ体操の実施
- 従業員対抗歩数競争（上位の人に賞品を贈呈など）
- 職場でのトレーナーによる体操、ヨガ教室実施（月1回など）
- 自転車での通勤環境の整備
- 階段の利用推進（各階に「階段を使おう」ポスターを掲示するなど）
- 運動における各個人別目標の設定（面談時に随時確認など）

- 社内に独自のスポーツ施設やトレーニングマシンの設置
- 社内クラブ活動の推進（会社が活動費負担）
- 心身の健康増進を目的とした旅行（ヘルスツーリズム）を通じた運動知識の向上と運動機会の提供

●女性の健康保持・増進に向けた取り組み

- 女性特有の検診（乳がん検診・子宮頸がん検診等）を対象者全員に対して実施
- 婦人科健診・検診を受けやすい環境の整備
- 保健師等による女性の健康専門の相談窓口の設置
- 女性特有の健康課題に対応可能な体制構築（産業医や婦大科医の配置や外部の医師の紹介など）
- 女性の健康づくりの推進部署やプロジェクトチームの設置
- 妊娠中の従業員に対する業務上の配慮（健診時間の確保、休憩時間の確保、通勤負担の緩和等）の社内規定への明文化

- 生理休暇を取得しやすい環境の整備
- 女性の健康課題等に関する理解促進のための研修・セミナーの実施

感染症予防対策

●従業員の感染症予防に向けた取り組み

- 予防接種時間の出勤認定
- 予防接種実施場所の提供
- 風疹やインフルエンザ等の予防接種の費用負担
- 感染者の出勤停止や特別休暇認定制度の設置
- 消毒液・うがい薬の設置やマスクの配布
- 感染症拡大時の事業継続計画の策定
- 海外渡航者の対策（感染症予防の教育実施、予防接種、予防内服等の準備、緊急搬送体制の整備）

過重労働対策

●長時間労働者への対応に関する取り組み

- 超過勤務時間が月80時間を超える労働者に対して、本人の申出の有無にかかわらず産業医面接指導を受けさせる
- 命令時間以降残っている従業員には管理職が必ず早期帰宅の呼びかけを実施する
- 退勤から出勤まで最低8時間のインターバルを取る
- 問診票を配布して体調や疲労の度合いを確認する
- 保健師・看護師等専門職と対象者への面談実施
- 人事・労務担当者と対象者の面談実施
- 管理職に対する産業医からの面談・指導を実施
- 管理職に対する人事・労務からの面談・指導を実施
- 対象者への時間外労働の制限
- 対象者に対する休日取得強制・出社制限

メンタルヘルス対策

●不調者への対応に関する取り組み（相談窓口の設置・利用促進）

・外部の相談窓口と契約し、相談窓口の利用を促進
・管理者自身が産業医や保健師等に相談できる仕組みの確立

●不調者への対応に関する取り組み（職場復帰支援）

・休業期間中における接触タイミングの設定や相談窓口の設置
・復職後の面談・助言などのフォローアップ
・慣らし運転的に復職を始めるための「短時間勤務」「試し出勤制度」「リハビリ勤務」などの勤務制度の整備・残業等の時間外勤務の禁止
・勤務日数の短縮、在宅勤務の許可、出張の制限
・治療状態に合わせた負担の少ない職場への配置転換
・医師の意見を聞いて、適宜状況に合わせた支援

●不調者への対応に関する取り組み（地域産業保健センターの活用）

・労働者の健康管理（メンタルヘルスを含む）に係る相談

・健康診断結果についての医師からの意見聴取
・長時間労働者への医師による面接指導
・事業場を個別訪問（事業場の状況を踏まえた産業保健に係る指導）
・地域の産業保健に関する情報提供

受動喫煙対策

●受動喫煙対策に関する取り組み
・事業所を全面禁煙とする
・適切な換気がされている喫煙場所を設置
・屋外にある近隣の喫煙場所の活用を推進
・禁煙外来の資金援助
・全社禁煙デーの実施
・禁煙成功者への禁煙手当支給

column

コラム

論語とそろばん、人間学とデジタルマーケティング

健康経営の話をすると、「健康管理なんて自分でやるものだ」「経営者の仕事は売上・利益を最大限に追求することだ」という意見が必ず出てきます。しかし本来の経営というものは、そうやって割り切ったものではない。そろばん勘定だけでは長期的には発展しないものだと私は思っています。

元号が令和に変わり、それと同時に一万円札の肖像画が福沢諭吉から渋沢栄一に変わると発表されました。

渋沢栄一は尊王攘夷派の志士から徳川慶喜の家臣となり、明治維新後に大蔵省に入省した後、今の時代にも残る会社をいくつも設立した大実業家です。第一国立銀行（現みずほ銀行）、

東京海上火災保険（現東京海上日動火災保険）、王子製紙（現王子製紙・日本製紙）、麒麟麦酒（現キリンホールディングス）、サッポロビール（現サッポロホールディングス）など、その数は500を超えるとも言われています。

そんな大実業家が大切にしていた経営哲学が「論語（＝倫理）」と「そろばん（＝利益）」の両立でした。彼は両者のバランスが崩れると、必ず事業は失敗すると考えていたのです。

たとえばある靴職人が「いい靴を作るのが自分の仕事」と言っていたとしましょう。これは「いい靴を作る」という靴職人としての倫理を重視した考え方です。

しかし経営者なら誰もが知っている通り、いいものを作ってさえいれば商品が売れる時代はとっくの昔に終わりました。現代社会では、まずお客さんに支持され、その上で、そろばんを弾いて利益を出し、事業を継続しなければ、そもそも靴を作り続けることができません。

その一方、多額の利益を出せたとしても、従業員に過重労働を強いていたり、消費者に幸せを提供しない低品質の商品を平気で販売していたりすれば、いずれは従業員や消費者の反発に遭うため、事業を長く継続することはできないでしょう。

論語とそろばんは事業経営者にとって欠くことができない両輪なのです。

この両輪を大切にする考え方は、インターネット時代になってますます重要性を増しています。そのことにいち早く気づいたのが経営コンサルタントの神田昌典氏です。

彼は渋沢栄一の考え方を「人間学×デジタルマーケティング」と言い換えました。つまりインターネット時代においては、どんなにたくさんの人を幸せにできる素晴らしい商品を提供していても、デジタルマーケティングを通じてその価値を拡散しなければ、事業の発展につながらないというのです。これは同時に、どんなに盛んに情報を発信しても、中身のないものはすぐに見抜かれてしまい、やはり事業が継続できない、ということでもあります。

私はこの人間学とデジタルマーケティングの両立においても、健康経営が鍵になると考えています。

消費者を幸せにできる質の高い商品やサービスを提供するためには働き手の精神的・肉体的なパワーが不可欠です。デジタルマーケティングにおいても同じです。商品やサービスの価値を伝えるには、発信する情報の熱量が最も重要です。高い熱量で発信しなければ、想いが顧客に伝わらず、売上につながりません。そうなってしまうと、経営者や従業員は達成感を得られないのです。
デジタルマーケティングを成功させるためには、情報を発信する側の本気が必要であり、そのためには従業員が一丸となって全力を発揮しなければなりません。だからこそ健康経営によって心身ともに健康な組織を作る必要があるのです。

経営者や従業員自身が心底素晴らしいと思う商品・サービスを作り、本気の熱量を込めて情報を発信する。それを受け取った顧客が共感し、「いいね」の意思表示で購入する。それが提供する側の達成感になるとともに、利益になる――今後はこういった論語とそろばんを両立した事業経営が必要となり、いずれかに偏った事業経営は淘汰されていくでしょう。経営者は時代の風を敏感に嗅ぎ分けて、自分や会社の舵取りをしていかなければなりません。

第4章

これからの健康経営 新しい大家族経営のあり方

健康経営は入口。あなたは、どんな会社にしたいの？

健康経営を導入したいという相談を受けると、私はまず経営者に対するヒヤリングを行います。いろいろと雑談をするのですが、その中で、「どんな会社にしたいのか」「企業理念にはどんな思いが込められているのか」「なぜ健康経営に興味を持ったのか」といったことを訊ね、経営者の本心がどこにあるのか、感じとるのです。

そして、その本心に寄り添う形で、第2章で触れた「健康経営宣言」

を作っていくのですが、心の奥底へとアプローチする中で、多くの社長さんが漏らすのは「俺も頑張っているから、みんなにも頑張ってほしい」という心の叫びです。

「チームで素晴らしい成果をあげたい」
「働くみんなに、『ええ会社や』と思ってほしい」
「従業員には幸せになってほしい」

そんな思いを語る経営者が数多くいます。

要は自分も含めた全員で、一つの目標に向けて頑張り、成果をあげることで自分も従業員も幸せになりますように、というのが大半の経営者が抱く願いなのです。

この場合の「頑張り」は無理をすることではありません。それぞれがベストのパフォーマンスをすることです。そのためにはなにより、心身の健康が欠かせません。「自分で働き方を考えてくれ」「身体を壊さない『ええ塩梅』のやり方があるやろ」というのが、多くの経営者に共通する思いです。

自身の健康を守るためには知識とモチベーションが必要です。栄養バランスに優れた食事をとるためには、どの食材にどの栄養素が豊富なのか知っておかなければなりません。身体にいい睡眠の取り方や運動の強度や頻度など、健康であるために必要な知識は膨大です。すべてを知っておく必要はありませんが、インターネットや書籍を利用して調べる方法は理解しておいたほうがよいでしょう。

「こうしたほうがいい」ということを続けるためにはモチベーションが欠かせません。「揚げ物ばかり食べないほうがいい」「なるべく歩いたほうがいい」など、健康にいい取り組みにはちょっとしんどいことや面倒なことが多いからです。実行するモチベーションが低いと、「昨日も今日も、唐揚げにビール」「わずかの移動も車を利用」といった生活スタイルに陥ってしまいます。

そういった健康であるために必要な知識やモチベーションという面で、

経営者や上場企業の部長職以上の人たちはたいへん優れています。「自分が倒れるわけにはいかない」という気持ちや「健康管理も仕事のうち」という意識が強いので、他人に言われなくても働き方や食事のメニュー、お酒の飲み方、運動習慣などをしっかり考えてコントロールしている人が大半です。

一方、中小企業で働く人たちには自身の健康に責任を持つだけの能力やモチベーションが不足しがちです。健康についての知識が乏しい上、仕事が忙しいせいで健康のことまで考えられない人や根拠もなく大丈夫だろうと思い込む人が多いので、本人に任せてしまうのは危険です。

経営者が「どんな会社にしたいのか」は、このように自身の思いや社内の事情などについてヒヤリングを重ねる中で一緒に確認し、本音を積み重ねる中で見えてきます。その結果、健康経営の必要性や導入することにより何を成し遂げたいのかが見えてきたら、そこからようやく健康経営はスタートします。

「なぜ、そんなに手間をかけるんだ?」と思われるかもしれませんが、それにはわけがあります。

健康経営は経営効率を高めるために経営者が導入する単なるツールではなく、従業員と一緒に作っていく「文化」だからです。「文化」とは理想を実現するための精神活動を意味します。理想の会社を従業員と一緒に築いていく社風の実現こそ、健康経営を導入する究極の目的と言えるかもしれません。

そんな風に書くと、難しげに感じられるかもしれませんが、経営者がやるべきことは単純です。もっとも大切なのは「従業員みんなのことが大事やから、健康経営に協力してほしいねん!」と心の底から働き手に語りかけることです。その思いが伝われば、「社長がそこまで言うてくれるなら」と行動してくれます。

経営者が従業員を、そして従業員が経営者を思いやる関係ができたら、お互いが持つ仕事や会社に対する考え方が変わり、働き方が変わります。長い人生において、健康の大切さを理解して働くようになり、そんな考え方・働き方を周囲も理解し、許容するようになるのです。

「最近休めてないんで、今日は早上がりしてゆっくり寝ます」

「風邪気味なので、今夜の飲み会はパスします」

「午後にこの企画書を仕上げますので、先にプチシエスタとります。」

以前なら、言い出しにくかった健康を維持するための要望を気軽に口にできるようになり、お互いがその分をカバーしようと自然に考える関係ができるはずです。

昨今話題になっている「働き方改革」は、本来そのような流れで組織に根付いていく「文化」であるべきだ、と私は考えています。

老舗企業の家族経営は健康経営と同意語

２０１４年から経産省を中心に普及が進められてきた健康経営ですが、実は日本にはそれ以前から類似する経営手法が実践されてきました。

いわゆる「家族経営」です。

世界的に見ても、日本には老舗企業が数多く存在します。帝国データバンクの調べによると、創業１００年を超える企業は約２万社あり、３００年を超える企業も４００社以上あるとされています。

そういった老舗企業の多くには、近代ビジネスにおける経営者と従業員の関係とは毛色が異なる雇用関係が今も見られます。

新卒で入社した従業員を上司や先輩が支えて指導し、一人前に育った従業員は会社に愛着を持って定年まで勤め上げる。ときには仕事だけでなくプライベートの相談に乗ったり、生活面の問題をただしたりもする。もちろん、よほどのことがない限り、解雇することはないし、従業員の側も転職などしない。

まさに会社が一つの家族のようにまとまり機能するのが家族経営です。

歴史を経る中ではさまざまな出来事が発生します。たとえば創業100年を超える企業はみな、太平洋戦争を経験しています。働き手が徴兵でいなくなり、物資が不足したり工場や店舗が空襲で燃えてしまったり、とさまざまな苦難があったことでしょう。そういった荒波を越えられたのは、経営者が従業員を思いやり、従業員が会社のことを思いやる家族のような関係があったから、というケースが少なくないはずです。戦地から復員してきた従業員が会社の立て直しを支えてくれた……そんな事例が終戦直後の国内ではしばしば見られたと言います。

現代においても、家族のような関係は従業員の健康を守る上でたいへん有効です。家族だからお互いの体調に配慮し、「疲れているみたいだから休んだら」と、病気になる前に忠告したり、休んだ人の分を進んでカバーし合ったりすることができます。

家族経営のもう一つのあり方として、私が推奨するのが「のれん分け」です。子供が巣立つように、自社で学び、育った従業員の独立を後押ししてあげる経営のあり方です。創業時は金銭面や集客で行き詰まることが少なくありません。そこで、「のれん分け」してあげる会社の側で、借入を保証してあげたり名前を貸してあげたりすることにより、元従業員が成功できるよう後押しをするのです。

私の祖父も昭和7年に京都・西陣で「のれん分け」をしてもらい、独立起業した歴史があります。祖父を支援してくださった繊維問屋さんは、今は同じ繊維ながら開発型メーカーに進化されて百年企業に名を連ね、私の会社もおかげさまで創業86年を数えます。

戦災という大きな荒波を越えて生き残ったように、家族経営を採用する企業は人手不足とデジタル革命という大きな波をも乗り越えていくのではないか、と私は考えています。

従業員が求める自己成長のロードマップとロールモデルを示す

会社が家族だとしたら、上司や先輩は父親や母親、あるいは兄や姉ということになります。家族において、父母はときに導き、ときに背中を見せて子供たちを育む存在です。兄や姉は弟や妹たちの少し先を歩むことで、成長の道筋を見せてくれる存在でしょう。

「30代になったら、あの先輩みたいになりたい」

「50代になったら、部長みたいになりたい」

そんな風に思えたら、若い従業員たちは自分の未来を具体的にイメージし、明確な目標を持つことができます。先輩や上司がいわゆるロールモデルになるのです。

最近ではそれに加えて、ロードマップを求める従業員も増えています。一昔前までなら「黙って俺についてこい」でよかったのですが、最近の若者はそれでは納得してくれません。なぜなら、トヨタの会長が「終身雇用はもう不可能」と明かし、年金制度が揺らいでいることでもわかるように、会社も国家も将来を保証してくれないことが明らかになりつつあるからです。

若い従業員たちの不安を解消するためには、「この会社にいたら、いつまでにどんなスキルを身につけてどんな仕事ができ、どれだけの収入が得られるのか」というロードマップを明確に示してやらねばなりません。

その場合に問われるのは希望の持てるロードマップを示せるかどうかということです。すなわち、肉体的、精神的、社会的に健やかに働き続

自己成長の目標を全社員で共有

株式会社三恒は大阪市中央卸売市場にて海産物の仲卸を営む会社で、原口さんは営業担当。

原口さんは、オルウィン株式会社の実施する職場仲間の承認や関係性を深める「全員主人公誕生プログラム」にて、自己開示する中で自分の強みは淡路島の海産物が大好きなこと、そして、出身地である淡路島への思いから「淡路もの」を世に広める使命が自分にはあると気付き、「　淡路ものNo.1　」を宣言。

仲間、取引先にもコミットして、１年後には見事目標を達成!!

自分の人生の可能性を実感している。

けられることを示さねばなりません。そのためには元気な身体でやりがいのある仕事にチャレンジでき、一定以上の収入が得られる職場を彼らと一緒に作っていくことが必須です。

ただし、そこまで環境を整えても、ロードマップに触発されて、「リーダーとしてチームを率いてみたい」「頑張っていつかは独り立ちしたい」と感じてくれる人材はそれほど多くありません。せいぜい、全体の1～2割程度でしょう。

残りの7～8割は「人生ほどほどでいい」という人たち、さらに1割は「人生なんてあまり深く考えない」という人たちです。しかしながら、やる気のある1割に火がつけば、それに触発されて、7～8割の日和見派が動き始めます。そうなれば、会社は一気に上り坂にさしかかります。

会社は従業員みんなが幸福を実感できるようにする舞台経営者はそのプロデューサー

「そうは言っても、いろいろ難しいことがあるんだよ」

健康経営の話をすると、そんな風に反論されることがときどきあります。

確かに今の経営者には、国内経済が成長していた時期の経営者にはないジレンマがあるのは私も理解しています。昨今における時代の変化の激しさを考えると、「一生俺についてこい！」とは言いにくいというのが本音でしょう。それを素直に明かしてしまったのがトヨタの会長です。日本を代表する世界的な大会社ですら将来を保証できないのです。

10年、20年先を保証できる、という中小企業の社長がいたら、どこまで未来が見えているか、話を聞くべきでしょう。

しかしながら、先の見えない時代だからこそ、それに合わせた従業員との誠実なつきあい方があるはずです。

「10年先のことはわからないけど、この4〜5年は大丈夫だから、目の前のゴールを目指して一緒に仲間としてやっていこう」

「それからのことは、そのゴールを達成した時、また真剣に話し合おう。うちの会社は同じ屋根の下で暮らす家族みたいなもんやから」

それでもいいのではないか、と私は思っています。

実際に、家族にもいろいろな形態があり、時代とともに移り変わってきました。かつては三世代同居が当たり前とされた時代もありました。

「サザエさん」は今となってはずいぶん珍しい大家族ですが、一昔前は標準的な家族だったのです。

今では、都市部では三世代同居は珍しく、むしろ独居が増えているので、家族が近くに住んでお互いをケアし合う「近居」を自治体などが推奨しています。

社会の変容に合わせて家族の形態が変わってきたように、会社の形態も流動的であるべきです。たとえば、「3～5年でのれん分けする」というあり方も時代に即したアイデアといえます。

ある程度の期間までしか仕事を保証してもらえないとなれば、従業員はむしろさまざまなお金の稼ぎ方を自分で考えるはずです。「これをやってみたい」という企画を積極的に出す従業員が増える中で、面白そうな企画があれば、社内副業のような形でやらせてみるのもありでしょう。

うまくいきそうなら、独立を支援する、というつきあい方はまさに子供の独立を見守る家族に似ています。

会社の名前や資金を使って支援するのですから、一種の「のれん分け」

です。そういったやり方を含め、多様な働き方、多様な人材を受け入れる器の大きさが経営者にはこれから強く求められるのではないか、と私は考えています。

家族は年齢も立場も違う多様な人が集まって、連帯する組織です。経営者は会社を家族同様の組織としてまとめ、「家族ドラマ」を演出するプロデューサーになるべきと思います。

column
コラム

新しい経営「ティール組織」と健康経営

健康経営は経営者がトップダウンで号令をかけ、健康づくりリーダーをはじめとする従業員がボトムアップで運営していきます。従業員一人一人に意思決定権があるため、自分がやりたいと思う活動を提案して承認されれば、実践に移すことができます。

このとき経営者の仕事は基本的にはゴーを出したり、大まかな方向性を調整したりするだけで、先頭に立ってあれこれと指示を出すことは控えます。

健康経営の一環として行う施策の多くにはそれほどコストがかかりません。トップが口出しをしなければ、従業員は「あれもやりたい」「これもやってみたい」と気軽に提案できるので、彼らの自主性が発揮されるよう、経営者は見守り役に徹するのがよいやり方です。自らが主体となって健康経営に関わることで、従業員は役職に関係なく、自分の意見を上司や同僚に語れるようになります。意見交換が活発になるとお互い本心で語り合うシーンもおのずと増えます。

従業員同士が素直に本心を見せられるようになり、経営者も本心で向き合うようになると、仕事に関しても真剣な語り合いがスタートします。そして、従業員がやりたいことと、会社の強みが合致すれば方向性が明確になります。その時こそ、全社一丸となって、最高のパフォーマンスを発揮できるはずです。

実はこうした組織のあり方は、2018年に発売されてベストセラーとなった書籍『ティール組織――マネジメントの常識を覆す次世代型組織の出現』の中で語られている、「ティール組織」と重なる部分がたくさんあります。

ティール組織とはトップのマネジメントがなくても、目的を共有している構成員たちのボトムアップにより改善し、進化していく組織を指します。

ティール組織には大きく分けて、左記のような3つの特徴があります。

(1) 任せてしまう

「何をするにもりん議が必要」「勝手な判断をすると上から怒鳴られる」……トップダウン方式で物事を決める組織では、従業員からこうした不満の声が聞こえてきます。しかしティール組織では従業員に決定権を与えてしまうので、それぞれが自分で判断をして行動に起こします。いわゆる「上司」は存在せず、目標も各人が自主的に決めますが、状況に応じて役割やルールが生まれることで、自然と組織全体が円滑に活動します。

(2) ありのままでいる

ピラミッド型の上下関係がある組織では、部下は常に上司からの評価にさらされるので、「上司が好む自分」になろうとします。上司も上司で、部下からの目を気にして、「上司としての自分」であろうとします。多くの場合、それは「ありのままの自分」ではありません。無理をして仕事用の自分を仕立て上げているのです。

しかし『ティール組織』では、そうやって自分を作って仕事をするよりも、ありのままの自分を安心して見せられる環境で仕事をするほうが、パフォーマンスが高まるとされています。

(3) 目的を変化させる

多くの企業にとって、経営におけるもっとも重要な目的は「生き残ること=存続すること」と、関わる人々を幸福にすること」です。そのために売上・利益などの数値目標を設定し、その数値を実現すべく仕事を進めます。

しかし、人の生涯において、目的は年齢や性別、置かれている環境によって変化します。20代で「人生の目的はたくさんお金を稼ぐことだ」と言っていた人が、結婚をして子どもが生まれたら「自分の子どもを立派に育てるのが人生の目的だ」と言い出すなど、さまざまな条件により変わるものです。

ティール組織では、組織の目的が個人の目的と合致していることを重要視します。つまり常に「どうして自分たちはこの会社で働くのか?」「この会社は何のために存在するのか?」と問い続け、企業や事業の規模、社会の変化などに応じて、経営目的を進化させていくのです。

するとどこかで従業員個人が想い描く人生の目的と、会社としての目的が重なり合うときが来ます。そのとき従業員のモチベーションは最大化され、組織としてのパフォーマンスも格段にアップします。

このように、ティール組織と健康経営には多くの共通点があります。フレデリック・ラルーが著した書籍、『ティール組織』は17ヶ国語に翻訳され、世界で累計35万部を突破するほど注目を集めました。これはティール組織が従来の組織論を覆すような、先進的な組織論だったからでしょう。

ボトムアップで、環境の変化に素早く適応できる家族経営と健康経営とは非常に共通点が多いマネジメントと言えます。もともと家族経営の文化があった国内では、健康経営こそこれからの時代に即した「次世代型経営」であろう、と私は考えています。

本音で話せると居場所ができる健康経営で新しい大家族経営を

日本人は建前と本音のギャップが大きいと言われます。特に会社では少しでもよく思われたい、といった思いが強いため、本音を隠して上司や同僚とつきあっている人が大半でしょう。

もちろん、社会人として働く中では建前も大切です。けれども、建前しか見せられない会社では、従業員同士あるいは従業員と経営者の間に本物の絆はありません。これまで解説してきたような健康経営——大家族経営とほとんど同義とも言える経営を実践するためには経営者も従業員も本心でコミュニケーションをとれる社風を作る必要があります。

私が健康経営導入のサポートを行った会社の中にも、病気をきっかけとして、本心で語り合う関係の大切さに気づいた人がいました。

某企業で経営管理部の部門長として活躍している女性です。非常に優秀な働き手だったため、多くの仕事を一手に引き受けていましたが、あるとき子宮内膜症で体調を崩し、その治療の過程で卵管がんが見つかりました。

左記のインタビューは闘病生活を終えて、無事復職を果たした際に行ったものです。

【Sさんへのインタビュー】

性別：女性
職業：ブラシ製造卸　経営管理部の部門長

笠間　病気になったのは、何が原因だったと考えていますか？

Sさん　病気は卵管がんというものですが、30歳のときに子宮内膜症がわかり、不妊治療に取り組んでいました。悪化して手術を受けたところ、病気が見つかりました。

がんになった理由って、最初は見当もつかなくて、ただ嘆いているだけだったんですけど、一般的に影響すると言われる食と睡眠、運動は私にとっても改善すべき問題でした。

ですから、それらについては自分で改善していったんですけど、もう一つ、ものごとに対する考え方にも問題があるのではないかと思い至るようになりました。身体を悪くする考え方をしていたことに気づいたので、それも原因の一つではないかと考えています。

笠間　具体的にはどんな考え方をしていたのでしょう？

Sさん　仕事がとにかく忙しかったのですが、その原因の一つが、他人を信じられないことでした。先輩を頼りにしているし、後輩には成長してもらいたいと思っていたのに、結局は自分でやるのが一番。人は信用できない、と考えていました。

人を信頼できないから、どんどん仕事が複雑になっていき、そのために仕事が増えていきました。

そうなると、だんだん同僚や上司とも戦っているような感覚になり、たとえば、何気なく「子供はまだ？」と訊ねられることにも大きな抵抗を感じるようになりました。

いっそ、男に生まれたらよかったなんて、自分の女性性を否定する気持ちが強かったので、婦人科系のがんになったのかもしれない、と考えました。

笠間　何がきっかけで、そのことに気づいたのでしょう？

Sさん　仕事をどうしようか、と考えたのがきっかけでした。がんになった後、どう生きるか……中でも、仕事を続けるか辞めるのか、というのは私にとって大きな選択でした。最初は正直、戻りたくないと思いました。ですから、治療中は社内のイントラを見るのも嫌でした。ただ、自分がどう生きたいのか、何をしているときに一番ワクワクするのか、と考えたとき、今までの経験を振り返ると、仕事ほど自分をワクワクさせることはないと気づいたのです。

ただ、家族はものすごく心配し、復職にも反対だったので、「そういえば、どうして私だけ夜中まで働いていたのか」と考えるようになりました。その結果、原因は自分にあることに気づきました。

笠間　がんになったことをきっかけに、自分を分析してみたわけですね？

Sさん　そうなんです。がんについて書かれた本を100冊以上読んで、読書ノートを作り、がんに関するさまざまな情報を整理することで、原因らしきものが見えてきたんです。

笠間　どんな本を読まれたんですか？

Sさん　とにかく、本屋で手当たり次第、がんに関係する書籍を買っていましたけど、手術前は前向きになるための心構えに関する書籍が心に響きました。ところが、手術後には、リンパ節転移が見つかって、ステージが上がってしまったこともあり、再発と転移に課題が変わったという感じで、一生というか、もう10年生きないかもしれないという状況の中で、私どうやって生きていったらいいんだろう、と考えるようになりました。そうなると、求める書籍も変わるんですよね。

笠間　術後はどんな本が心に響きましたか？

Sさん　そうですね、前に読んでた本って正統派の治療法だったんですけど、術後はあらゆる治療法について知りたくなりました。ただ、不妊治療を受ける中で、最先端の医療に不信感を持っていたこともあり、最終的には大切なのは心の持ち方だと考えるようになりました。

それもあって、復職しようと考え、戻るのならうちの会社がいい、と思ったんです。

ただ、夫には強く反対されてしまって……。

笠間　どうやって説得されたのですか？

Sさん　がんの再発を防止するために復職するんだ、ということを24ページのスライドを作って、夫にプレゼンしたんです。

- 人は私が思うより優しい。

●どんな人にも複雑な事情がある。
●私の考えをすべて理解してもらう必要はない。
●私の幸せを追求することは悪くない。
●人は移り変わるもの。相手を許すこと。
●私が楽しくない人間関係の維持をしない。
●心から楽しむという目的がない集まりに参加しない。
●誰にも言えない部分を持っていても大丈夫。
●つじつまを合わせるために行動しなくても大丈夫。

これががんにより発見した私の心の欠けている部分。

●私はワクワクし、ときめきを感じるために生まれ、これからもその気持ちを追求して生きていきます。
●周りの人を信じ、一緒に何かをつくります。

- 困っている人を助けます。
- 世界を変える働きをしたいです。
- そのために健康を維持します。
- 自分で決めたことをやり遂げます。
- そして、健康と自分のことが大好きな自分になります。

こんな風に宣言して復職したんです。
夫も最後は納得して、「だったら今の会社で働くのがいいと思う」と言ってくれました。

笠間　御社に戻ろうと思われたきっかけは。

Sさん　そうですね、夫にプレゼンした通り、ワクワクすることをするために社会に戻ろうと思ったんですけど、自分の短い職業人生の中で、うちの会社ほど楽しんで働ける会社は無いと思っていたからです。

社風が合っていたというのもありますし、人のご縁にもこの会社ではたいへん恵まれました。私を育ててくれたTさんという幹部の方が、すでに非常勤になっていたんですけど、病気になった私の穴を埋めるために、毎日のように出社してくれたと聞きました。がんになっても引き継ぎができないからと、入院を先延ばしにしなければならない人も多いと聞きます。がんだと診断されて3日後には入院できた私は、とても恵まれた環境で働いていたんだ、とあらためて気づいたんです。

笠間　そういう意味で大家族経営なんでしょうね。

Sさん　そうですね。ですから、Tさんになるべくご迷惑をかけないよう、早く復帰しなくちゃ、と思えたんです。

笠間　Sさんが病気になられる前と後で大きく変わられたなと私は感じています。

フワッとした空気に常に包まれている、というように今は感じるんですけど、気持ちの面で何か意識されているのでしょうか？

Sさん　自分ではあまり変わったとは思っていないんです。がんはもともと自分の細胞が変異したものなので、あるべき本質から離れてしまうと、発症するのではないかと私は思っています。

ですから、がんになる前のほうが、私は本質から離れていた気がします。自分に必要ないものを追い求めて、自分じゃない自分になろうとしてもがいていたというか。

笠間　なるほど。そういう意味で本心で生き、本音を語ることは、本質から離れずに暮らす基本ですよね。

Sさん　そうですね、どちらかというと、（私は）情より理が勝つタイプです。こうすべき、こうあるべきということだけに偏った考え方がよくないというフィードバックを社長からもらうんですけど、どこかでは、「それが私だし」と今は思っています（笑）。

こうすべきと考えられるところが私の強みだと思えるようになりました。以前はそういうフィードバックをもらうと、「絶対に変えない」と意固地になるばかりでした。後で、またやっちゃったって反省するんですけど、それが多すぎると、自分は何をどうしたいのかわからなくなるんです。

たとえば、今考えると、子供をつくるということに積極的ではなかったことに対して、常に罪悪感がありました。「子供より仕事を選んでいる」とか「不妊治療するんだったら会社辞めないと無理だ」とか言われたら、全否定してました。女性らしくない、と見られることをすごく気にしていたんです。

総務はよく、役割的に企業のお母さんに例えられますが、がんになる前はその考えが本当にうっとうしいと思っていました。「あんた達の母親じゃないし」って思ってたんですけど、がんになって自分の子供を期待できなくなってからは意外とすんなり受け入れられるようになりました。「総務ってお母さん的役割だな」と理の部分でも、納得できるようになったんです。従業員の成長を促進するとか、見守るとか、気づくとか、先取りするとか、安全を守るとか……そういう役割を抵抗感なくお母さん的役割だと受け入れられるようになったことでも、自分の考え方が変わったと思います。

（インタビュー終了）

優秀で、バリバリと仕事をこなしてくれるSさんのような人は会社にとってなくてはならない存在です。ただし、職場の仲間の考え方を受け入れないと、本来持っている能力をなかなか活かしきれない。そういう課題が、病気になる前のSさんにはあったかもしれません。部下や同僚との信頼関係が希薄だと、チームとしては１００％の力を発揮できないのです。

信頼関係を築くためには「私はこう思っている」「私はこう感じた」「あなたにこうなってほしい」「私はこうなりたい」などの本心や本音を隠すことなく語ることが欠かせません。信頼とは「あの人ならこうしてくれるだろう」「あの人ならこう言ってくれるだろう」とイメージできることを言います。建前だけの言葉しか聞いたことがなければ、いざという時にその人がどんな言動を選ぶのかわからないため、信頼は醸成されないのです。

信頼関係が築けたら、お互いに「情」が通じるようになります。「あの人が辛いときには自分が代わりに頑張ろう」「今回はあの人のしたいようにさせてあげよう」など、温もりのある思いが従業員同士や経営者と従業員の間に生まれるのです。

もちろん普段の仕事のシーンでは、事実に基づき客観的かつ正確に判断を下し、行動しなければ、お客様・取引先様には支持されません。つまり「私情」を挟まず「智恵」を重視した活動が仕事の基本です。

しかし、その職場に「情」が通い合う人間関係、家族のようなつながりがあれば、厳しい状況下でも、みんなで「いい仕事」が出来るのです。そんな事例を私はたくさんの職場で実際に見てきました。

第3章で紹介したプチシエスタやウォーキングイベントなど、従業員の心身を健康に保つ活動が「健康経営」のすべてだと勘違いされていますが、そうではありません。そういった施策はあくまで健康経営の入口にすぎず、目指すべきは「大家族のような会社」だと私は考えています。「健康経営」の導入を検討する経営者の方にはぜひ、そのことを理解していただきたいと心から願っています。

エピローグ

人を不健康にするのは多くの場合、人間関係の悪化、すなわち「人」です。でも、同じく人を励まし元気を与え、健康にしてくれるのも、やはり「人」なんだ。そのことを私は実体験から学び、心に深く刻まれています。

今回この本に登場していただいた方々はある意味、どん底を経験された方ばかりです。

自分だけでそのどん底に立ち止まっていたら、きっとより深刻な状態に陥っていたでしょう。

しかし、まわりの「人」とのふれあいを通じて、浮上のきっかけをつかみ、見事に危機を乗り越えて、よりよい人生を歩んでおられます。事例を紹介する中で、人は人によって生かされているのだ、ということを読者の皆さんと一緒に確認できたのではないか、と考えています。

本書を読み終えて、「よし健康経営を始めよう！」と思っていただければ望外の喜びです。


プロローグでお話しした私の「恩人」についてちょっと触れます。

最大の取引先だった大手企業から仕事の打ち切りを告げられた私はどん底に落ち込み、ついにはうつ症状が出てしまいました。そんな私を救ってくれたのはもっとも身近な人の一言でした。

「何を深刻に考えてんの。あんたがおらんでも、私ら親子は実家に戻って、ちゃんと生きていくから。だから心配せんといて！」

鬱々と考え込んでばかりいる私を見かねたのでしょう。ある時、妻が私にそう言い放ったのです。

私は、「人の気持ちも知らんと、なんてことを言うんや！」と最初は腹を立てたものの、その一言で開き直れたのです。会社が潰れたら従業員は路頭に迷う……そして、妻や子供たちの生活はどうなるのか――それまで私がもっとも思い悩んでいたこと。周りのみんなを不安のどん底に追い落とすのでは？　その捉われから解放されたからです。

「それなら、自分の命を活かすために頑張ってみよう」そう開き直ってみると、目の前を覆っていた闇が消えました。自分は結局、何のために経営してるのか。そして、本当に何がしたいのか。そこをシンプルに考えられるようになったのです。

「何のために」そして「どうなりたいの？」と自問自答を続けていると大事なことを思い出しました。父が倒れて二日であの世に旅立った時、急遽、会社を引き継いだ私は、自分自身が重責を担うことで安心してくれる従業員がいる。取引先さんも喜んでくれる。

会社を経営すること自体が自分の選んだこと。喜ばれる仕事。

「そうだ、それだけでも自分は役に立ってるんや」

その初心を思い出したのです。

ならば今回も同じこと。やれる限りやろう。踏ん切りがついたのです。

「この危機を何とかして乗り越えたら、ちょっとドラマやなぁ。よしやろう！」

試練をある意味、人生ドラマのワンシーンに捉えるとなぜかやる気が湧いてくるもんです。

無我夢中で仕事に励むようになった私にとって、毎日は突然楽しいものになりました。

厳しい言葉で私の目を覚ましてくれた妻や、苦境にあえぐ私を見限ることなく一緒に踏ん張ってくれた従業員たちに対して、心の底から感謝しました。それまで、自分では飲んでいなかったブルーベリー酢を飲むようになり、うつ症状からきていた便秘も解消されました。

心身の健康を一気に取り戻したのです。

どん底から抜け出してみて実感したのは「どんな状況でも希望を持つ」ことの大切さ、そして「自分らしくある」ことこそ、健康を維持する上でもっとも大切なのだ、という事実でした。「自分らしさ」を失ったら、不自然なふるまいが増え、接する方々から違和感を持たれます。すると、なにもかもうまくいかない。歯車が狂うのです。

その結果、心が沈み、次いで身体も病んでしまうのです。

ですから今でも、クライアントの皆様には何度もそのことを伝えます。

「御社の強みを活かして、御社らしい職場環境を作りましょう」

「従業員の皆さんがそれぞれの個性を活かせる、自分らしさが受け入れられる会社。自分の居場所があると感じる会社にしましょう」と。

仕事をするかぎり、誰かに喜ばれることが最も大切です。しかし、今の時代、お客様に喜んでもらえる商品・サービスを生み出すのはなかなかたいへんです。

だからこそ、まずは社内の仲間でお互いを認め合い、助け合う必要があります。その時に前提となるのが、従業員同士の心のつながり、「情」でつながっているかどうか、大家族的な人間関係が築けているかどうかです。

その入口となるのが健康経営です。頑張っている会社こそ、ぜひ健康経営を取り入れていい会社を目指していきませんか。

おわりに

この本には青臭いことをずいぶん書きました。

なにを書くのかを考える中で、自分がやって来たこと、考えてきたことをあらためていろいろと振り返ってみたのですが、そうすると自然と「青臭いこと」があふれ出てしまった気がします。

かつての私は経営者らしくなろうとこだわるあまり、自分の中にある青臭い部分を捨てねばと躍起になっていました。経営者には冷徹な判断が求められる。「智」に基づいた判断のみを行動原理とする経営者でなければ、適切に会社の舵をとれないと考えていたのです。

しかしながら、自社で健康経営を実践し、コンサルタントとして他社の活動に関わる中で、そんな考えは少しずつ薄れ、かわって芽生えたのは青臭いとされる理想への本質的な理解でした。

夏目漱石は名著「草枕」の冒頭で「智に働けば角が立つ。情に棹させば流される」と書いています。理知だけでものごとを割り切ろうとすれば人と衝突するが、他人を思いやりすぎると、感情に引きずられるばかりだ、というような意味の一節です。ひるがえって、「理知」と「情実」のバランスが大切だ、と漱石は説いている、とも言われます。

かつての私は「智」ばかりを重視する頭でっかちでした。そんな私が気づいたのが「情」の大切さだったのです。

「情」という文字は「心」が「青い」と書きます。つまり、もともと青臭い思いなのです。

私が大好きな「青春の詩」(サミュエル・ウルマン)の中に、左記のような一節があります。

青春とは人生のある期間ではなく
心の持ち方をいう。
バラの面差し、くれないの唇、しなやかな手足ではなく
たくましい意志、ゆたかな想像力、もえる情熱をさす。
青春とは人生の深い泉の清新さをいう。

青春とは臆病さを退ける勇気
やすきにつく気持ちを振り捨てる冒険心を意味する。
ときには、20歳の青年よりも60歳の人に青春がある。
年を重ねただけで人は老いない。
理想を失うとき、はじめて老いる。
歳月は皮膚にしわを増すが、熱情を失えば心はしぼむ。

苦悩、恐怖、失望により気力は地にはい精神は芥《あくた》になる。

※宇野収、作山宗久訳より抜粋

青い心は情であるとともに、青春を維持する進取の気概でもあります。経営者に従業員を思う青い心――「情」があって初めて、組織を支える従業員たちは新しいことへのチャレンジを厭わない進取の気概を持つことができます。本文の中でも解説した通り、会社が生き残っていくためには環境の変化に置いていかれないよう、変化を続けることが不可欠です。経営者が「智」だけでなく「情」を持つことにより、会社は時代に適応し淘汰を免れることができるのです。

そのカギとなるのは「情」を基盤として組織が機能する「大家族経営」です。ですから私は経営者や従業員が「家族」のようにお互いを思いやる健全な組織を作ることこそ健康経営の理想であり、そんな理想を実現する会社が国内に一社でも増えるよう、これからも尽力していくつもりです。

最後になりましたが、本書を出版するにあたっては多くの方々のお力添えをいただきましたことにつき、厚く御礼申し上げます。

経営者の学びの場である盛和塾に私は所属していますが、経営の師・人生の師である稲盛和夫塾長。経営危機に陥った時、毎日、稲盛塾長の言葉を読み、ともすればしおたれそうになる心を奮い立たせてやってきました。

その盛和塾の仲間、ソウルメイトの皆さまには、厳しい状況下におきまして、物心ともにご支援いただきました。

特に、株式会社冨士屋本店　谷上社長様には、弊社の健康事業立ち上げ期から、親身になってサポートいただき、ここまでたどり着くことができました。

弊社の健康経営を草創期からご支援いただいた株式会社ゼンユー様、

三和化工紙株式会社様、大手前総合労務管理事務所様。

今回の事例掲載に快くご承諾いただいた株式会社バーテック様、冨士運輸倉庫株式会社様、株式会社タック様、株式会社遊文舎様、株式会社日本トリム様、シー・システム株式会社様、株式会社ＯＫＡＮ様、株式会社三恒様、オルウィン株式会社様。

原稿執筆にあたり、文章力のない私をフルサポートいただいた谷垣吉彦様・鈴木直人様。

表紙作成から書籍販売でお力添えいただいた株式会社マインドアイ、椋本社長様。

そして、未来だけを信じて厳しい状況を耐え忍んでくれた従業員の皆さん。お互い本心で対話できてよかったです。

家に帰っても寝るだけ状態の頑固親父を受け入れてくれた子供達。

最後に、息子の根拠の無い自信を信じ続けてくれた母と、全力で私を支え、ここまで伴走してくれた妻に深く感謝いたします。

著者略歴

笠　間　　力（かさま・つとむ）

同志社大学経済学部卒業後、株式会社トーメンにて海外貿易に従事。

その後、家業である株式会社カサマに入社し経営者となり21年。

2017年よりスタートの健康経営優良法人（中小規模）を3年連続で自社が認定取得。健康経営の推進をコンサルティングする顧客企業のべ24社が健康経営優良法人（中小規模）の認定取得。

関西での中小企業健康経営実践サポートの第一人者。

著者自身が経営者ゆえ、健康経営コンサルティングをきっかけに経営全般をサポートできるのが強み。

経営者の人生・経営の学びの場、盛和塾にて19年間、稲盛和夫氏に師事。

日曜日はラグビースクールのお世話でちびっ子と楕円球を追いかける。

健康経営 エキスパートアドバイザー 第1期生（東京商工会議所 認定）
特定非営利活動法人 健康経営研究会 賛助会員

株式会社 カサマ　代表取締役社長

中小企業の健康経営を徹底サポート　http://kenko-up.com/

人が集まる人が輝く
伸びる中小企業の健康経営
カサマ式実践の極意

2019年9月20日発行

著　者　笠　間　　力

発売元　株式会社　ユ　ニ　ウ　ス
大阪市淀川区木川東4の17の31
TEL（06）6304-9325

印刷所　株式会社　遊　文　舎
大阪市淀川区木川東4の17の31
TEL（06）6304-9325

ISBN 978-4-946421-70-9 C2000 ¥1,580